为了儿童生命的奔涌：
"小先生课程"实验报告

沈蓉 等 编著

苏州大学出版社
Soochow University Press

图书在版编目（CIP）数据

为了儿童生命的奔涌：“小先生课程”实验报告 / 沈蓉等编著. -- 苏州 ：苏州大学出版社，2025.5.
ISBN 978-7-5672-5247-9

Ⅰ．G632.0

中国国家版本馆CIP数据核字第20254TY741号

WEILE ERTONG SHENGMING DE BENYONG：
"XIAOXIANSHENG KECHENG" SHIYAN BAOGAO

书　　　名：	为了儿童生命的奔涌：“小先生课程”实验报告
编　　　著：	沈　蓉　等
责 任 编 辑：	叶　觅
装 帧 设 计：	吴　钰

出版发行：	苏州大学出版社（Soochow University Press）
社　　　址：	苏州市十梓街1号　邮编：215006
印　　　刷：	苏州市越洋印刷有限公司
邮购热线：	0512-67480030
销售热线：	0512-67481020

开　　　本：	718 mm×1 000 mm　1/16　印张：13.5　字数：208千
版　　　次：	2025年5月第1版
印　　　次：	2025年5月第1次印刷
书　　　号：	ISBN 978-7-5672-5247-9
定　　　价：	58.00元

图书若有印装错误，本社负责调换
苏州大学出版社营销部　电话：0512-67481020
苏州大学出版社网址　http://www.sudapress.com
苏州大学出版社邮箱　sdcbs@suda.edu.cn

让每一个生命都成为教育的"光源"

五月初夏,南通市城中小学操场一侧的围栏,毕业学子亲手种下的花籽如今已经长成了一片花墙:粉色的蔷薇、红色的玫瑰、白色的月季,每一朵都展现着魅力;花墙内,操场上孩子们欢蹦的身影、清脆的欢笑,彰显着无限的生机与活力,似乎透射出一束束光芒,正穿过花叶的缝隙。不由想起,这些天正在翻阅的城中小学的《为了儿童生命的奔涌:"小先生课程"实验报告》即将付印出版,校长沈蓉委托我写一篇序言。顿时,似灵感闪现,何不以"让每一个生命都成为教育的'光源'"为题,谈谈自己作为"第一读者"的感言。

这份实验报告是沈蓉校长团队带领全体师生,用实践、思考与研究共同写成的。翻开凝结着近年来城中教育人共同探索智慧的实验报告,眼前不禁浮现出陶行知先生在晓庄师范与孩子们席地而坐的身影——那些关于"小先生制"的古老智慧,正以令人惊叹的创造性转化,在新时代的"学堂"(城中小学对课堂、校园、社区的定位与"别称")里绽放出新的生命力。这是一所学校的"课程改革备忘录",更是一曲献给广大教育者和儿童的生命赞歌;它让我们看见,当儿童从知识的"接收器"转身成为思想的"发射塔",教育将呈现怎样的蓬勃气象。

一、在历史与现实的对话中"重解"教育本质

教育的本质,从来都藏在对"谁是教育的主人"这一根本问题的回答里。

陶行知先生于1932年提出"小先生制",在那个年代,他创造性地让掌握知识的儿童成为"即知即传"的教育主体,使教育突破了教室围墙与成人权威的双重禁锢。这一充满革命性的教育构想,本质上是对"儿童主体论"的中国式诠释——当我们承认儿童不仅是教育的对象,更是教育的共建者,教育便从"成人设计的轨道"转向了"生命自发

的奔涌"。城中小学的"小先生课程"实验，正是在这样的历史坐标系中找准了定位：他们没有将"小先生制"视为需要复刻的历史标本，而是作为可生长的教育基因，在核心素养导向的课程改革中完成了现代转化。

报告中关于"时代背景"的论述尤其值得关注。当"创新型人才"成为全球教育共识，当"协作性""开拓性""自主性"成为课堂转型关键词，城中小学着眼于"教育强国建设的背景""教育数字化转型战略行动""国家课程改革发展脉络"，敏锐捕捉到陶行知思想与当代教育需求的共振点：在知识更新速度远超想象的时代，比掌握知识更重要的是学会让知识流动起来；比成为"优秀学生"更有价值的是成长为"发光体"。城中教育人通过实证研究证明：当儿童获得"教"的权利，其认知深度、思维缜密度与责任意识会发生质的飞跃——这不仅呼应了"学习金字塔"理论中"主动输出带来90%知识留存率"的科学论断，更在实践层面构建了"以教促学、以学引教、教学相长"的良性循环。

这种对教育本质的重新理解，在"学理依据"部分呈现出清晰的逻辑链条：从马克思、恩格斯关于人的主体性理论到"强调挖掘个体身上的优秀品质和潜能"的积极心理学理论，从建构主义学习理论到多元智能理论，城中小学的研究团队巧妙地编织了一张理论之网，将"小先生课程"的实践创新牢牢地锚定在坚实的学术地基上。更值得称道的是，他们没有止步于理论嫁接，而是创造性地提出每个儿童恰似自带能量的光源，教育的使命不是照亮，而是点燃，让每一束光芒更明亮、更温暖、更具穿透力。

二、在课程与生命的共振中激活成长潜能

课程作为教育理念的具象化载体，不仅是教育思想的实践表达，更是育人目标落地的重要路径。当陶行知笔下的"小先生"从单一的教育工具转化为课程体系的核心架构，城中小学开启了一场关于课程形态的深度革新。

报告并未对"小先生课程"进行严格的概念性定义，而是遵循施良方教授的学术指引，从时代语境、认知哲学、实践方法论三个维度展

开学理阐释。

在时代应答层面，该课程体系是建设教育强国的微观实践，以珍视每个学生天赋、激活个体潜能为核心理念，构建面向全体的创新人才培养范式；在技术赋能层面，主动融入教育数字化转型战略，通过构建数字课程新形态，探索以学生为中心的个性化学习路径；在权利重构层面，突破性赋予学生"课程主体权"，使儿童真正成为课程开发、建设、实施的核心参与者。

基于建构主义知识观，"小先生课程"特别强调知识的主体意义建构——这种承载知识的课程形态，既深深植根于学生的生活世界，更紧密联结着他们的精神世界。其本质价值首先体现在"小先生"作为独立个体的存在意义：学校通过将课程纳入正式教学计划、排入日常课表，从制度层面保障学生拥有课程申请权，并支持其在班级、年级范围内自主组织实施，使儿童在课程场域中的主体地位获得实质性确认。

该课程体系的根本指导思想可凝练为"为了儿童生命的奔涌"——这一主题恰似领航的旌旗，鲜明标定课程改革的价值方向；又如指路的碑碣，清晰勾勒人才培养的定位坐标。为实现课程与生命的深度共振，学校对课程研制范式进行了结构性变革：在管理维度，从传统课程对实施过程的机械监控，转向基于教育目标的发展性评价；在师生关系维度，从以教师为主的知识传递，转向个别化指导协助的共生模式。在充分尊重学生主体性的教育生态中，真正助力每个生命的蓬勃生长。

三、在传承与超越中聚力教育改革

在江海之滨的南通，这座被誉为"中国近代第一城"的历史名城，镌刻着深厚的教育印记。城中小学创始人张謇先生秉持"父教育、母实业"的理念，于实业救国的浪潮中，兴办370余所学校，让"敢为天下先"的改革基因融入城市血脉。城中小学的"小先生课程"实验，恰似这基因在新时代绽放的璀璨之花，既深植陶行知教育思想的沃土，又广纳现代教育理论精髓；既坚守"儿童本位"的教育初心，又大胆突破传统课堂的藩篱，以"创造性传承"的智慧，为新时代基础教育改革点亮明灯。

真正的教育创新，必然深深扎根于文化土壤。陶行知的"小先生制"、陈鹤琴的"活教育"、李吉林的"情境教育"，皆是中国教育史上的瑰宝。城中小学的实践证明，传统教育智慧经过现代转化，完全可以成为破解当下教育难题的"金钥匙"。

教育改革需与学校文化一脉相承。有着近120年历史的城中小学，"和实"文化底蕴深厚，"学校在城中，学子立中央"的理念深入人心。学校以江苏省基础教育前瞻性教学改革实验项目"减负加权：'课后服务'四级课程体系建设"研究为抓手，以课程架构的不断优化为突破，历经"1+1+1"并列式、"3+1"板块式到"$\frac{1}{3}$"托举式的蜕变，每一次革新都赋予学生更多的课程自主权。直至"小先生课程"诞生，这不仅是对"和实"文化的躬身践行，更是在传承中实现的创新发展。

教育的终极价值，在于培育"大写的人"。当"小先生"们在"学堂"上侃侃而谈，他们收获的不仅是知识，更是对责任担当、智慧分享、创造乐趣与生命价值的体认。这种将个人成长与社会进步紧密相连的教育追求，正是对"培养什么人、怎样培养人、为谁培养人"这一根本命题的生动回答。

四、在问题与应答中淬炼教育智慧

教育改革的征程从来不是一帆风顺的坦途，而是在破解难题的荆棘路上螺旋上升。城中小学在"小先生课程"的教育实验中，以非凡的勇气直面困惑与争议，将教育实践中的问题巧妙转化为研究课题，在"自设问答"的过程中，淬炼出熠熠生辉的教育智慧。也正因为此，整个报告的呈现打破了一般教育实验的常规结构，从五个维度出发，以问题为指引，如同抽丝剥茧般，逐步揭开教育研究的神秘面纱，呈现核心概念、研究缘起、理论支撑等重要内容。

爱因斯坦曾讲："提出一个问题往往比解决一个问题更重要！"确实，问题源于实践，这个报告是城中教育人脚踏实地"做"出来的，做中思，思中做；问题源于观察，城中教育人将遇到的困惑凝练成一个个核心问题；问题源于思辨，城中教育人在一个个"小先生课程"案例中，追根溯源，整体架构。

报告巧妙借鉴柏拉图的"人生三问"，对"小先生课程"提出"是什么""从哪里来""往哪里去"的关键之问，这不仅是对课程核心概念的深度挖掘，更是对"小先生"理念的哲学思考，以及对研究者自身教育初心的叩问。而第四、五章的21个问题，分别围绕课程自身的理解实施与管理保障，看似零散，实则环环相扣。这些问题直指课程实施中的痛点、难点，每一次精准回答，都是对实践的深度复盘与升华，为"小先生课程"的推广提供了极具参考价值的实践指导。

合上这份厚重的实验报告，我的眼前再次浮现出城中小学那片花墙，以及透过花墙所看到的校园里那些充满张力的场景：清晨，"小先生"在操场边领着一群同伴，传授抖空竹的技艺；午后，"小先生"提着长嘴铜壶，在长廊里展示茶艺；"课后服务"时，"小先生"对着自制的PPT，讲述DeepSeek的使用策略……这些看似平常的教育瞬间，正是"小先生课程"最动人的注脚——它让每个儿童都有机会成为"光源"，也让每个成人重新发现儿童的力量。

在课程改革的过程中，城中小学的探索提醒我们回归教育的本质：真正的教育，不是工业时代的标准化生产，而是农业时代的耐心培育；不是强光对微光的覆盖，而是光源与光源的相互辉映。当我们赋予儿童"教"的权利，便是在播撒教育民主化的种子；当我们珍视儿童"学"的独特，便是在守护生命多样性的美好。这份实验报告，既是对近年探索的总结，更是新征程的起点——愿更多教育者从中汲取力量，让每个生命都能在教育的星空中自由奔涌，成为照亮自己、温暖他人的永恒光源。

是为序。

南通市崇川区教育体育局局长　陆红兵

2025年4月

目 录

第一章 本体追问
01 什么是"小先生课程"? ………………………………… 3

第二章 源流厘析
02 "小先生课程"从哪里来? ……………………………… 17
03 "小先生课程"往哪里去? ……………………………… 26

第三章 因由究索
04 "小先生课程"有什么教育背景? ……………………… 37
05 "小先生课程"有什么代表案例? ……………………… 43
06 "小先生课程"有什么学理依据? ……………………… 59
07 "小先生课程"有什么价值追求? ……………………… 66

第四章 关系辨明
08 学生怎样才能成为"小先生"? ………………………… 75
09 哪些学生可以做"小先生"? …………………………… 81

10 "小先生"的学生是谁？"师生关系"怎样调节？我们倡导"以'小先生'的姿态做小学生，以小学生的心态做'小先生'"，在培养优秀"小先生"的同时，又该如何培养优秀的小学生？ ………………………………………… 88

11 学生做先生，先生（教师）是不是、要不要、又如何"让位"？教师需要在心、知、能等方面做哪些准备？ ………… 96

12 实施"小先生课程"会不会过度强调学生的"中心地位"？会不会是课程变革中的一次"钟摆现象"？ …………… 105

13 "小先生课程"在学校整体课程中处于怎样的地位？具有怎样的发展愿景？ ……………………………………… 116

14 "小先生课程"有着怎样的"级"与"类"？ ………… 125

☞ 第五章　实操要义

15 学校由哪些部门、层面或人员进行课程组织管理？怎样组织或管理？ ……………………………………………… 139

16 对"小先生课程"这一新生事物，确乎需要适度"造势"，那么如何"造势"？可以采用哪些为儿童所喜闻乐见的形式来"造势"，使之更易于深入人心？ ………………… 145

17 游戏可不可以进入"小先生课程"？如何处理好"课程与游戏""严肃与游戏"等关系？ ………………………… 150

18 "小先生课程"可否等同于"才艺秀"？文化学科可否进入"小先生课程"的内容范畴？如果可以，怎样组织？ …… 153

19 小学生"游戏课程"的最高形式之一是"自创游戏"，如何引导或组织他们开发、呈现"属己的原创课程"？ …… 159

20 要不要、又如何进行"课程审议"？ ………………… 163

21 要不要、又如何组织"小先生"的"实习"或"预演"？
　…………………………………………………………… 166

22 "小先生"万一临阵怯场,该如何"救场"?有没有必要对他们进行"贴近保护"? ………………………………… 169

23 "小先生"是否可以是一个"群组"?内部关系怎样?又如何处理? ……………………………………………… 174

24 一个特别优秀、深受儿童喜欢的"小先生课程"是否需要、应怎样做好后续开发与建构? …………………… 179

25 可不可、要不要、又如何组织"小先生"进行"课程经验分享"?能否引导其对自己的具体感性经验进行适度的理性沉淀和提炼,或者引导其进行"课程规则"等的协商建构? …………………………………………………… 184

26 怎样才能掌握好家长的参与(支持)度? ………… 187

27 是不是要适当关注"小先生"的"课程供给"水平与能力?要不要"以评价促发展",又如何"做评价"?如何化解儿童的"评价依赖",引导他们更好地做到"对事情本身感兴趣"? …………………………………………… 191

28 怎样让"小先生"的"热情之火"燃而不熄,越燃越旺? ……………………………………………………… 195

主要参考文献 ……………………………………………… 198

第一章
本体追问

01 什么是"小先生课程"?

课程在学校教育中处于核心地位,教育目标、价值主要通过课程来体现和实施。进入21世纪后,课程改革成为我国教育改革的核心,特别是在第八轮课程改革浪潮的席卷之下,南通市城中小学慢慢形成了一种与传统课程不一样的课程形态,我们称之为"小先生课程"。

什么是"小先生课程"?想要弄清楚这个"新"概念,需要对"课程"这一耳熟能详的"旧"概念进行辨析。之所以不直接切入正题,而要在此引入"旧"概念,是由于"课程"是一个使用广泛但又具有多重含义的术语,不同的人群、不同的情境,课程的意蕴也是不同的。如果我们对周围的人做一番简单调查就会发现,几乎所有的人都以为自己知道何谓课程,但对它的界定又莫衷一是。

对课程的定义因不同的教育主张和对课程的不同理解也有所不同。观照国内外文献对课程的定义,我们可以将课程大致分为三类:一是作为学科的课程;二是作为目标或计划的课程;三是作为学习者的经验或体验的课程。随着教育理念的不断更新和提升,以及现代信息技术的不断发展,我们对课程的定位与范畴有了更为宽泛的理解。有专家就"什么是课程"这个问题进行了新的解读,并不断赋予其新的含义。我们认为,每一种定义背后都有一套特定的话语体系,都隐含着不同的教育信念、育人主张和目标追求,同时也标明了课程建设的关注点。换句话说,我们首先要弄清楚他人所讲的课程指的是什么,并了解隐含在该定义背后的哲学假设、价值取向及课程实践的意义。

针对"课程定义分歧"这一现象,施良方教授给出了分析这些分歧甚至冲突的定义的方法。他提出,"与其对其指指点点,不如考察一下它们的社会背景、认识论的基础和方法论的依据,这将有助于我们对课程的认识"①。本着这样的思维方式，我们尝试对"小先生课程"进行定义。

一、"小先生课程"提出的时代背景

从表层来看，时代发展引起的社会变迁和学校课程改革是两码事，至少可以说，这两者之间存在着较大的距离。但是，我们深入考察与分析就会发现时代背景、社会变迁与课程变革之间存在着很强的互动关系。澳大利亚课程论者史密斯（D. L. Smith）与洛瓦特（T. J. Lovat）在考察了一百多年来一些有影响的课程改革和课程定义后发现：当经济强劲、求职机会众多时，很少有人关注学校课程；而当经济衰退时，会有许多人指责学校课程，企业主和公众往往会把年轻人找不到工作归咎于他们没有掌握有关的知识技能，国家也会注重课程目标的实施情况。因此，20世纪70年代初西方经济繁荣时，课程专家把重点放在个人的经验上，制订了各式各样可供选择的课程计划；而到了80年代经济不景气时，一直以课程自由著称的英国开始确立"国家课程"。所以，史密斯与洛瓦特得出的结论是：每一种课程定义都可能反映了其历史的、社会的、经济的、政治的背景。

上述对问题的分析方法，在学术界有一个专业术语，称为"大背景分析法"。这里的"大背景"是指以事物所在的时间、空间、特征三维坐标为基础，在此基础上各维外推扩大两个层面而组成考察域。大背景分析法是一种把研究事物及其存在背景看作一个完整系统，然后从此系统研究之中寻找、发现事物运动发展规律的方法。"小先生课程"虽然由我们南通市城中小学首创，但同样需要将其置于社会时代背景之中进行分析。

在分析社会时代背景之前，我们需要做这样的澄清：我们之所以将此类课程冠名为"小先生"，是因为学校在课程实施方式上借鉴了陶行知的"小先生制"理论，最大限度地强调了学生的学习主体地位，不

---

① 施良方. 课程定义辨析［J］. 教育评论，1994（3）：46.

仅把学习的时间和空间还给学生，而且把学习内容的选择权还给学生；但这旨在强调此类课程要充分挖掘学生的学习潜力，而并不是说"小先生课程"所提出的时代背景还是如当年陶行知提"小先生制"时那样。我们不妨认真了解一下陶行知"小先生制"原本的模样：

> 20世纪二三十年代，漫长的封建社会刚刚被推翻，国家贫穷落后，国民教育严重缺乏，全国各地八千万儿童失学，师资严重匮乏，教育普及无法解决。针对当时的现状，陶行知先生创造性地提出了"小先生制"，为普及平民教育起到了积极的推动作用。
>
> 什么样的人可以充当"小先生"？在当时，每一个粗识字义或有一技之长的小孩子都可以做小先生。陶行知先生将"生"理解为"生活"，"先生"即"先过某种生活的人"，"学生"即"学习过生活的人"。由此，小孩子先学会了认字，又愿意教更多的人，便成了名副其实的"小先生"。陶行知先生提出的小先生与年龄先后没有关系，而是知者为师，能者为师。比如，一个六七岁的小先生，白天学得"青菜"二字，晚上就把它教给哥哥嫂嫂，不识字的相邻都可以是小先生的学生。小先生的职责不仅是教人，而且是教人去教人。等到他的学生也教人了，"小先生"的封号才有意义。评价小先生当得好不好，不在于记录他教了几个人，更重要的是有没有教会他人再去教人。①

陶行知"小先生制"的特殊时代意义与价值毋庸置疑。在国民教育严重缺乏的时代背景下，陶行知通过"小先生制"，打破了数千年中国教育的传统，"让大人跟着小孩学"，使学校教育与社会教育融为一体。这对普及国民教育，特别是普及女子教育提供了一种全新的教育方式，因产生了显著的成效而被载入史册。

---

① 章莉. 小先生制下的伙伴学习：关系及内涵 [J]. 教育理论与实践，2020（29）：47.

为了儿童生命的奔涌："小先生课程"实验报告

今天我们论述的"小先生课程",其提出的时代背景显然不是当年陶行知提出"小先生制"的那个时代背景。我们应在当下社会发展的背景之下去解读"小先生课程"。我们认为,理解"小先生课程"至少包含以下三个维度。

第一,从教育强国建设的背景中理解"小先生课程"。

习近平总书记指出,"建设教育强国,是全面建成社会主义现代化强国的战略先导","建设教育强国,基点在基础教育"。这是新时代引领中小学教育高质量发展的新思想、新要求。建设教育强国,突出教育、科技、人才一体化发展,核心是创造和创新人才。"小先生课程"的建设,旨在让每个学生成为"小先生"。所谓"小先生",通俗地讲,就是能够教同伴、教教师、教家长的人。学生只有在某一方面能"拔尖"、有"创新",才能成为"小先生"。"小先生课程",从本质上讲是珍视每个学生的天赋,激发每个学生的潜能,推进面向人人的创新人才培养课程。"小先生课程",还隐含着另一层含义,即以课程化方式推进"小先生"的培养。这意味着"小先生"的养成是一个系统工程,是有计划性、组织性、目的性的活动。

第二,从教育数字化转型战略行动中理解"小先生课程"。

当今世界,科技创新进入密集活跃时期,新一轮科技革命和产业变革正在重构全球创新版图,重整全球经济结构,重塑全球教育形态。人工智能正在深刻地改变人类生活、改变整个世界,这必将给我国教育带来巨大影响,教育数字化成为我国开辟教育发展新赛道和塑造教育发展新优势的重要突破口。因此,我们将"小先生课程"置于教育数字化转型战略行动中,从"小先生课程"的环境建设、数字资源和方式变革等不同维度,构建数字化赋能课程建设的新形态,形成以学生为中心的主动学习、创造学习和表现学习的新方式。数字化赋能"小先生课程",使"小先生课程"具有个性化、立体化、开放性、互动性、创造性等特点。

第三,从国家课程改革发展脉络中理解"小先生课程"。

进入21世纪后,国家着力推行教育振兴行动计划,在基础教育领域开展了构建现代化课程体系的重大改革。2001年，国家颁布了《基础教育课程改革纲要（试行）》，三级课程管理体制正式实施，校本课程地位得以确立。2022年，教育部制定《义务教育课程方案》，明确提出学校要立足本校办学理念，分析资源条件，制订学校课程实施方案，注重整体规划，有效实施国家课程，规范开设地方课程，合理开发校本课程。"小先生课程"属于校本课程范畴，但与一般意义上的校本课程相比较，又有显著的区别："小先生课程"坚持把学生作为课程开发的主体，让教师充当学生课程开发与实施的支持者、审议者，坚持遵循学生认知规律，聚焦学生的现实生活、社会实践及学习兴趣。因此，"小先生课程"体现了一种全新的课程观。

二、"小先生课程"的认识论基础

"小先生课程"的认识论基础是定义"小先生课程"的重要维度。在论述这个话题之前，先要大致了解两个基本问题：一是什么是认识论？二是认识论与课程之间是什么关系？

第一个问题：什么是认识论？

人们一般将认识论视作哲学的一个重要分支，其研究的是知识的性质、范围及其前提和基础。也有学者认为，认识论就是对人类认识的反思，以认识本身发展的一般过程及其规律，包括知识的形成、发展和运用的一般途径、方法为研究对象。说到底，认识论是一个知识观的问题。

第二个问题：认识论与课程之间是什么关系？

在前文中，我们涉及了对课程概念的多样化理解的阐述，但所有课程定义都有一个共识，即课程是知识的载体，课程是离不开知识的。

因此，在解读课程内涵时，关于"知识有什么样的性质"是一个回避不了的问题。施良方教授认为，每种课程定义中都隐含着"知识是什么"的假设，"在一定程度上，一定的知识观决定了人们将采用什么样的课程定义"。[①] 在不同时期，人们对知识问题产生了各种各样的认

---

① 施良方. 课程定义辨析［J］. 教育评论，1994（3）：46.

识和看法，从而形成了不同的知识观。

目前，人们对教育中的知识主要有五种理解：一是理性主义取向的知识观；二是经验主义取向的知识观；三是实用主义取向的知识观；四是社会学取向的知识观；五是存在主义取向的知识观。不同知识观下均有不同的课程理解，我们在此不再赘述，仅列举两个比较典型的知识观进行对比分析，以帮助我们理解知识观对课程定义的影响。比如，一种观点认为，知识是客观的、固定不变的存在，那么，我们就会把课程视为必须按照规定的方式向学生传递的知识体系，教师扮演知识权威的角色，这样才能确保知识体系一代一代地传递下去。基于这样的知识观，课程决策权、控制权应该掌握在学者、专家手里，因为他们比别人更了解学科的知识体系；课程的定义会注重具体目标、内容体系及标准测验等。而还有一种知识观与此完全不同，认为知识是能动的、不断变化的存在，主要由学习者主动构建起来。持这种知识观就会趋向于把课程视为促进和帮助学生探究、了解他们周围世界的手段，教师要尽可能地"放手"，让学生掌握独立学习的技能，以帮助他们为应对不断变化的未来世界做好准备。由此，课程不只是少数专家的事情，还要让教师、学生、家长等参与其中。对于上述两种不同的知识观，学术界将前者称为客观主义知识观，将后者称为建构主义知识观。客观主义知识观下的课程目标，主要是聚焦于"双基"，即基本知识与基本技能。建构主义知识观下的课程目标，主要聚焦于三维目标，即知识与技能、过程与方法、情感态度与价值观。

"小先生课程"秉持着怎样的知识观？在"小先生课程"建构过程中，我们逐渐确立起两个基本观点。从某种意义上讲，我们认为，这就是"小先生课程"所秉持的知识观。

第一个观点：知识的价值在于知识之于人的意义。

在核心素养时代，人被置于课程、课堂的中心位置，因此，教育教学活动需要不断地回归"人"、走近"人"，要使"人"成为教育的最高目标和追求。教育活动中教给学生的知识，或者说有价值的课程内容，必须与学生自身息息相关。这是因为知识不是纯粹的客观事物的属性与联系的反映，而是客观事物在人脑中的主观映象，知识只是人把握自身存在的一种方式，人是借助知识去处理与世界、与他人、与自我的关系的。在这一过程中，人是意义的追寻物，意义是人的本质。反观当下的教育教学现实，许多教师目中无"人"，而是将知识看作人类认识成果，并将其当作存储站来输出或输入，对知识进行符号化、客体化、对象化、非人格化、去情境化的理解。

改变这一现象的路径多种多样，我们选择了"小先生课程"这条路径。我们认为，"小先生课程"，首先是学生的课程，是学生这个"人"的课程，这样的课程并不致力追求某种知识建构、形成某种知识体系，而是不管是课程内容选择还是课程建构活动本身，都与学生自身实际相关，"小先生课程"离开了"小先生"这个人，那就不能称为"小先生课程"。因此，该课程所承载的"知识"，不仅与学生生活的世界密切相关，还与学生的精神世界相关。他们的精神世界至少涉及这样几个方面：第一个方面是需要与兴趣，"小先生课程"内容满足了学生个体的成长需要，尊重了他们的学习兴趣与爱好，回应了他们"想做什么"的问题；第二个方面是愿望与理想，"小先生课程"展现出学生的发展愿望、人生理想和生涯规划，回应了他们"想成为什么人"的问题；第三个方面是意识与思想，"小先生课程"从学生自身的知识经验、个性体验出发，展现出他们当下的所思所想，反映出其人生观、世界观和价值观等，回应他们"正在想什么"的问题。

第二个观点：应该让学生参与到知识共享中来。

在当下的教育活动中，知识被赋予了至高无上的地位。"参与知识共享"的观念对知识至上观提出了挑战。"参与知识共享"的主张是由联合国教科文组织发布的报告《一起重新构想我们的未来：为教育打造新的社会契约》提出的。该报告认为，知识永远不会完整，教育者应邀请并允许学生参与到对知识的进一步共同创造中来；课程从来不是由完整的知识组成的，它是在连接不同时代的知识的基础上，传承文化遗产，并为回顾和更新留出空间，留出的是学习者的知识创造空间、知识共享空间。约翰·I. 古德莱德（John I. Goodlad）在《课程探究：课程实践研究》一书中提出课程研究包含五个领域：想象中认为合理的课程、国家制定的课程、课程相关者所理解的课程、教师实际操作的课程、相关者根据自身认知结构改造后的课程。"经验的课程"是学生在教学活动后形成的，对不同的学生个体而言，课程的具体内容有所差异。古德莱德将学生在课程中的相关问题纳入课程理论的研究系统中，为"把课程还给学生"提供了可操作的行为依据。这些论述在一定程度上说明，学生是可以参与到知识的创造中来的，学生本身应具有一定的课程权力。但在现今课程权力的实施过程中，学生行使课程权力的情况不容乐观，学生将自身置于"服从者"的位置，意识不到自己有一定的课程权力和知识创造权力；即便有些学生意识到这些，但也没有勇气去争取这些权力。"小先生课程"的提出，实质上是将学生主体推上前台，学生被赋予了适切的课程权力，从而也让学生成为学校课程体系中的重要角色之一。

"小先生课程"这一赋名，本身就是为了确立学生的课程权力地位。因此，在推行"小先生课程"的实践中，我们从学校层面出台了适合学生课程权力实施的课程政策。一方面，我们建立了顺畅的课程表达机制，允许学生把自己的想法和建议表达出来，赋予学生开设"小先生课程"的申请权；另一方面，我们将"小先生课程"排进了课表，在教学计划安排上，留足"小先生课程"实施的时间、空间，特别是安排特定的指导教师，以此保障"小先生课程"可以在学生自己的班级、自己的年级甚至是跨年级中得到组织实施。

三、"小先生课程"的方法论依据

认识论探讨的是知识本身的问题，方法论探讨的是获取知识的过程和方法。两者虽然紧密相关，但侧重点不同：认识论比较抽象，关注的是理论层面的问题；方法论相对具体，更为关注实践层面的问题。课程方法论，其所要表达的就是"课程研制的方法论"。学术界认为，这是课程研究中的一个重要领域，是课程理论完善、成熟、体系化的具体表现。那么，何谓课程研制的方法论？赵颖、郝德永认为，课程研制的方法论就是课程研制过程中必须遵循的原则及其所构建或选择的模式、方法的总和。一般而言，它涉及三个层面的内容，即课程研制的指导思想、课程研制模式及课程研制方法。根据这一思路，我们从以下两个方面来阐述"小先生课程"的方法论依据。

第一，"小先生课程"研制的指导思想：为了儿童生命的奔涌。

课程研制的指导思想是课程研制方法论的核心，是关于课程研制方向及原则的理念，在课程构建及变革中起主导作用。研究表明，学校教育活动能否全面贯彻党的教育方针、遵循教育规律，主要体现在并受制于课程研制的指导思想。目前，对于这种课程研制的指导思想，学术界也称之为"学校的课程哲学"，是学校课程变革信奉的理念和价值追求。

"小先生课程"研制的指导思想，一方面源自学校的文化主张。南通市城中小学由教育家张謇先生创办，有近一百二十年的历史。长期的办学实践让学校积淀出内涵丰富的"和实"文化。迈入新时代，学校以"和实学堂"建设为载体，践行"在立学中育人、育人中立学"的理念，让教育之光照亮学生前行之路。为什么要强调"学堂"建设？这其实是学校文化的演绎。"学堂"本义为"学习活动所赖以开展的场域"，城中小学赋予其文化内涵，强调了让学生真正成为主动学习者。所以，课堂称为"学堂"，校园称为"学堂"，社区也称为"学堂"。"学堂"精神，不仅仅体现在学习方式上，更是学生主体精神的彰显，在课程内容上赋予学生选择性、自主性、创造性的权利。

"小先生课程"研制的指导思想，还源自学校决策层的办学主张。学校校长沈蓉在接受《南通教育报》采访时说：

> 我们发现当下小学普遍存在"小学教育成人化、低段教育高段化、儿童生活被设计"等弊端。基于对小学教育意义的理解，我们认为：小学是人生的一个阶段，应该整体把握阶段的过程属性和本体属性，为孩子持续发展打下扎实的基础（身体基础、精神基础、学力基础），为孩子留住一个美好灿烂的童年。

为了儿童生命的奔涌：
"小先生课程"实验报告

我们的主张是"办一所负责任的学校"。一所学校办得好不好，有两个标准：一是长期标准，看学校教给学生的东西在他今后的人生发展中起到的作用；二是短期标准，看学校所做的事在学生身上可以立即看得到的影响。负责任的教育就是既要重视短期评价，又要重视长期评价。一句话，只要是对学生一生有益的，我们都要尽心尽力去做，并且做好。为此，我们的办学实践以三个"基于"为统领：基于分数，超越分数；基于儿童，发展儿童；基于个性，培养特长。

一个有理想、有使命感的校长，会奋力扭转学校教育存在的不足，努力实施理想的教育。我们的智慧和温度就在于，秉持"一切为了学生"的正确方向，给学生一张成长的"门票"，努力种下推动其终身发展的精神火种。

"办负责任的学校""一切为了学生"，最需要的是"播种推动人终身发展的精神火种"。那如何理解这种"火种"呢？我们觉得，应该是指激发和引导人不断前进、成长和发展的内在动力和信念。而要获得这些，我们不仅仅要提供，更要指导学生自己创造基于儿童立场的课程、富含成长力量的课程、孕育心灵给养的课程、给予远大理想的课程。

我们将上述两者结合起来，概括为一句话，即"为了儿童生命的奔涌"。

第二，"小先生课程"研制的方法：让课程实现"为了儿童生命的奔涌"。

"小先生课程"的研制方法与传统的课程设计相比有很大的变化，这种变化主要表现在以下两个方面。

一是课程管理重心的变化。传统的课程着眼于对课程运作过程的控制，关注的是控制内容和控制手段。正式课程内容的增加，以及学校和教师自主活动的时间与空间的增加，可能导致课程设计的随意性增强。为了在两者之间找到最佳平衡点，课程管理的重心相应地从对课程运作过程的控制转向依照教育目标对运作结果的评价，这就是一种目标管理模式。"小先生课程"研制的主体是学生，就学校层面而言，我们重视课程起点和课程终点两个方面的论证与评价,即在学生申报"小先生课程"时,对其设想进行论证评估,予以确认;在课程结束时,对课程结果做出评价,评价其在班级内部的实施目标达成情况,并最终确认是否在年级内继续开设,或在全校范围内进行课程实施成果的展示。

二是教师课程职能的变化。在传统课程以控制为主导的框架中,教师会按规定办事,逐渐成为课程忠实的代言人和执行者。作为代言人,教师表达的不是自身本意,而是课程已经确立的内容和意义;作为执行者,教师只需按部就班地落实,没必要去创新,也不被允许创新。伴随着课程向学校的回归和课程自主权向教师的转移,教师的职责也就需要相应地改变,教师需要理解课程、设计课程、理解学生、设计学习。在此基础上,"小先生课程"的设计与开发又向前迈进一大步:学生提出课程主体及相关设想,教师在课程目标、课程内容、课程实施、课程评价等方面予以个别化的指导,并帮助学生或学生小组在班级、年级甚至学校内组织实施。

一般说来,课程研制通常涉及五个方面的内容:一是课程主题;二是课程目标;三是课程内容;四是课程实施;五是课程评价。这五个方面的内容体现了课程研制从规划、设计到实施、评价的全过程。相应的"小先生课程"研制方法如下:其一,由学生提出课程主题、课程设想与规划申请;其二,校内论证与评估,提出评估意见;其三,学校对于同意实施的"小先生课程",指定专门教师予以辅导,完善课程计划(包括课程目标、课程内容、课时安排、课程资源、实施过程、评价方式等);其四,学生或学生小组在教师的指导下进行课程实施;其五,学校对课程实施情况做出评估。这一过程从校本化走向生本化,彰显对学生的课程权力,特别是课程内容选择权的尊重,学生在此过程中获得生命的奔涌。

第二章
源流厘析

02 "小先生课程"从哪里来？

西方哲学中颇具代表性的哲学命题，是由古希腊哲学家柏拉图提出的"人生三问"："我是谁？""我从哪里来？""我要到哪里去？"这一哲学命题被誉为"千年一问的人生必答题"，是每个人从呱呱坠地到告别人世倾其一生去探寻、解答的命题。

关于南通市城中小学提出的"小先生课程"，在回答了"'小先生课程'是什么"这个问题之后，我们还需要回答"'小先生课程'从哪里来"这个问题。尽管该问题有一个非常简明的答案——从学校课程教学改革的实践中来，但在看似简单的答案背后，有着一段在实践中反思、在反思中实践的历程。

一、学校"双师"课堂的实践

在长期的学校课堂教学改革实践中，我们形成了"以学习者为中心"的课堂建设思路。这里所谓的"学习者中心课堂"，就是要凸显学生的主体地位，满足学生多样化的学习需求；引导学生明确目标、自主规划与自我监控，提高自主、合作和探究学习能力，形成良好的思维习惯。相比于传统的"教师中心课堂"，"学习者中心课堂"在教学过程的组织中，尽可能让学生能动、自主地学习，并使之成为学生学习的基本状态。因此，在教学过程中，我们注重启发式教学，给予学生充分展示交流的机会。以下教学案例，就是南通市城中小学课堂教学形态的一种常态化表现：

在教学完《伯牙绝弦》一课后，我让学生归纳并引出本课的主题——知音。

师："学了这篇课文，你有什么感受？"

生："我太感动了！"

为了儿童生命的奔涌：
"小先生课程"实验报告

生:"伯牙与子期真不愧为知音啊!"

生:"伯牙,我敬佩你!"

正当我为自己的教学效果沾沾自喜时,突然看到了小王同学举起了手。尽管他平时学习成绩并不突出,但他很聪明,只因学习习惯不太好,学习成绩才不理想。"小王,你有什么感受?"我很惊讶地问。

"我认为俞伯牙的做法不对。"

教室里顿时炸开了锅,有的同学略带嘲笑地望着他,有的同学在窃窃私语。只见他看到同学的反应后,脸一下涨得通红,显得很窘迫,两只小手一个劲儿地扯着自己的衣角。

"那么,你能说说为什么吗?"我抛开了自己的教案,面带微笑地问道。他一下子觉得受到了教师的认可,有了底气,清了清嗓子说:"俞伯牙这样的做法太极端了。知音又不是只有一个,或许他以后还能碰到。为什么要把琴摔破,放弃这么出众的琴技呢?"

"小王善于思考,敢于说出自己的想法,这就是我们语文课堂需要的。"我及时肯定了他。他很意外自己能获得教师的表扬,一下子神情喜悦,就连眉毛都挑了起来。"现在我们就以伯牙该不该把琴摔破来辩论一下吧!"

一石激起了千层浪,孩子们思维的火花被点燃了,一个个跃跃欲试。我发现小王也表现出从没有过的认真劲儿。

"这体现了他们的友谊,因为他觉得没人能听懂他的琴声。但世界那么大,他怎么知道他以后就真的找不到知音了?子期也不希望看到他以后再也不弹琴。"

"摔破琴说明伯牙悲痛欲绝。"

……

"刚才的小辩论会可以说是精彩极了,感谢小王给我们提出的新问题,这为我们的课堂增添了亮点。"我再次以赏识的眼光看着小王,并激情地说道:"我认为,这两个人的深厚友谊让人感动，知音难求。不过我们应该用乐观的心态去处理每件事情，一切会变得更加美好。"

在这堂课中，当看到孩子们全员参与、各抒己见时，我真切地感受到在这自主活动空间中，孩子们已将伯牙与子期之间的深厚友谊融入心中，相信这堂课将给孩子们留下一个永远难忘的记忆，让他们懂得对课本提出疑问。更重要的是，在这堂课中我对小王自尊心的保护，让他从此有了转变。

可见，只要我们尊重学生，平时多一些褒扬，少一些批评，多一些唤醒，少一些压抑，善于捕捉，善于随机应变，虽然课堂中的"意外"会打乱教学节奏，但许多不曾出现的精彩会不期而至。

上述案例中的课堂体现了"以学习者为中心"的思想，而在这样的课堂上，学生们常常在不经意间就成了同学的"小先生"，甚至是教师的"小先生"。受这类教育案例的启发，学校以陶行知"小先生制"思想为依据，在大力倡导教师要成为"塑造学生品格、品行、品位的'大先生'"的同时，也努力让学生成为"小先生"。"大先生"与"小先生"共同构筑了学校"双师"课堂。

我们开展了"小先生大课堂"系列活动，在统编版语文五年级上册《口语交际：讲民间故事》教学中，我们设计了"我讲故事给你听"主题课堂，由"小先生"到四年级送课。"小先生"们从精选故事到丰富故事情节，再到生动演绎故事，都做了充分准备，四年级的学生更是兴致盎然，课堂实现了学习效果的最大化。"大先生"以此为契机，展开四年级上册第四单元《快乐读书吧》的教学，同时引导四年级的学生读好中国古代神话故事。就这一课而言，学生的学习空间大大延展，阅读兴趣被不断激发，讲述故事的能力也得以提升。

在"双减"背景下，我们让高年级的"小先生"走进低年级"课后服务"课堂。开学初，由于"书包不离校，作业不回家"，为了解决低年级学生包书皮难题，我们开展了"教包书皮与学包书皮"的混龄学习活动。高年级的"小先生"课前精心准备，考虑周全，带足教学工具走进低年级课堂，一对一示范，手把手指导。通过学习活动，低年级学生当堂习得了包书皮技能，"小先生"的沟通能力、协作能力也得到了提高。

"双师课堂"实践，为后续"小先生课程"的提出奠定了坚实的基础。

二、"'课后服务'多元课程建设"项目的诞生

2021年7月，中共中央办公厅、国务院办公厅印发了《关于进一步减轻义务教育阶段学生作业负担和校外培训负担的意见》。"双减"除了"减"学生的作业负担和校外培训负担，还"加"了学校的"课后服务"。在此背景下，学校顺势而行、主动作为，将提高"课后服务"质量作为"双减"政策落地的关键之举。

在思想上，学校确定了"课后服务"定位。面对"课后服务"这一新生事物，我们在经过一段"摸着石头过河"的尝试后，逐步清楚地认识到，它是一种由学校承担主体责任的公共服务活动，其本质是课后"学习"服务，并让看护、托管伴随"学习"发生。因此，我们着力放大"课后服务"的育人效应，协调家庭、学校、社会教育资源，推进"课后服务"课程化，满足学生个性化、差别化和多样化的学习需求，并以此为实践指南，开展"课后服务"课程探索。

在行动上，学校进行了多样化的服务育人实践。我们对"课后服务"课程建设进行了初步实践，开发了科学探究、研学实践、文化艺术、体育技能、劳动技术、公共安全六大类二十四门模块课程。以一、二年级为例，"课后服务"每天2课时，第1课时以完成作业、阅读及游戏为主，第2课时则安排学生参与棒球、戏剧、魔方、五子棋等普及性课程活动，学生们将经历每门课程至少8个课时的选修学习，确保"一、二年级天天有活动，中、高年级周周有拓展"。《中国教育报》、"今日头条"、《新华日报》和江苏电视台等多家媒体多次对南通市城中小学"课后服务"课程建设经验予以报道。

有了前期准备，我们以"减负加权：'课后服务'四级课程体系建

设"为题，成功申报了 2022 年江苏省基础教育前瞻性教学改革实验项目（一类）。该项目中有两个关键词：一是"减负加权"；二是"'课后服务'四级课程"。

第一个关键词："减负加权"。所谓"减负"，指的是我们通常所说的"双减"，即减轻学生作业负担和过重培训负担；与"减负"相对应的往往是"提质"或"增效"，指向"减负"所要达成的目标、成效。本项目将"减负"与"加权"相对应，在"双减"背景下，以"课后服务"课程化提升"课后服务"质量，在"课后服务"课程建设中，增加学校、学生的课程权力，也即增强学校、学生对课程目标、内容选择、实施方式、成效评价的自主权与选择权，引导师生在自我决定的基础上实现个性化与可持续发展，以改善教育生态环境，并让学生的学习回归校园。"减负"是"加权"的前提，按照国家、省、市文件要求切实减轻学生作业负担和校外培训负担；"加权"指向的是"减负"后学校"课后服务"活动的理念与策略。

第二个关键词："'课后服务'四级课程"。"四级"，指校本、级本、班本、个本；"课程"旨在实现"课后服务"活动的课程化，以专业化、规范化的"课后服务"课程体系，提高"课后服务"课程对不同群体或个体不同学习需求的适切性，激发学生学习热情，促进学生健康和谐发展。具体而言，我们整合社会资源，开发以艺术类课程为主要内容的校本课程；挖掘自身潜能，开发以"主题活动"为主要内容的级本课程；沟通家校，开发以家长志愿者为主体的班本课程；发挥学生特长，开发以"小先生"为主体的个本课程，形成了校本、级本、班本、个本"四级课程"体系。在一个学期内，校本、级本、班本和个本课程学习相继开展，四级课程各有侧重、相互支撑、相互融通，着力引领学生寻得生活之根，获得兴趣之源。

项目的建设目标有四个：一是整体构建学校"课后服务"四级课程体系，满足学生学习需要，促进学生发展，以优质的"课后服务"质量助力国家"双减"政策落实；二是落实学生主体精神，让学生成为课程的主人、学习的主人，提升学生核心素养；三是增强教师课程意识,促进教师专业发展,形成拥有前瞻视域的新型教师团队;四是形成以教师为主导、学生为主体、第三方力量参与支持的育人格局,提升学校"'课后服务'四级课程"的供给能力,丰富学校"和实文化"的内涵,实现学校创新发展、持续发展,形成可复制、可借鉴、可推广的"课后服务"活动范本。

三、"'课后服务'多元课程建设"项目的升级

自2022年3月以来,我们以"减负加权:'课后服务'四级课程体系建设"项目为抓手,不断探索学校"课后服务"多元课程建设,动态生成三个版本的课程架构,使"小先生课程"理念逐步明晰起来。

(一)1.0版本:"'1+1+1+1'并列式"课程架构

在2022年3月至2022年8月期间,为遵循学业辅导与素质拓展、面向全体与尊重个体"双结合"原则,根据课程开发及参与、享用主体的不同,学校开发了校本、级本、班本、个本四位一体的课程架构,这就是我们所谓的"'1+1+1+1'并列式"课程架构。

该架构呈现出"登山型"结构特征:低段课程重趣味,重具身体验;中段课程重思维,重团队合作;高段课程重审美,重实践创新。

据此,我们制作了"课后服务"四级课程分类表(表2-1)。

表2-1 "课后服务"四级课程分类表

课程层级	开发主体	主要内容/实施场所	每学期课时分配
校本课程	学校主导、校外培训机构参与	学校既有校本课程(学校常规课程)基础上的延伸课程,旨在有效整合社会资源,涉及艺体类、科创类、劳技类及各类社团活动/校内外各类场所	40
级本课程	年级与社区共建	必修拓展课程,以环濠河博物馆群研修活动为主要内容/环濠河博物馆群	40
班本课程	班级、家长志愿者	以基于班级家长资源的主题课程为主要内容/环濠河博物馆群、班级	20
个本课程	学生	自主决策课程,给学生空出一部分时间,不安排任何课程和活动,而是以学生兴趣、爱好与特长展示为主要内容/班级、家庭	5

在此基础上，以"和而不同"为培养目标，学校增加个本课程，采用"招标"方式，放权给学生，让学生自主探索，走到台前，成为课程的主人。如此，四级课程面向全体学生，将必修与选修相结合，各有侧重，相互支撑、相互融通，力求达成"夯实'共同'、发展'异样'、呈现'多元'"的课程目标。

为了更好地实施"'1+1+1+1'并列式"课程，我们还初步建立起"课后服务"儿童化、多元化、立体化的四级课程基地，具体措施如下：一是改、扩建学校现有课程基地，建设童真童趣的校园空间；二是与社区、高校共建校外课程基地，建设多元的"第二校区"；三是创建虚拟课程基地，将云空间、虚拟技术引入校园，打造立体学习空间。

（二）2.0版本："'3+1'板块式"课程架构

2022年9月至2024年1月，受儿童本位课程理论的影响，我们初步形成了一种新的课程观，以儿童的直接经验、需求和动机为出发点，进行课程设计。为此，我们针对学生的兴趣、家长的期待做了问卷调研，共发放问卷860份，回收有效问卷821份。数据显示，家长期待在"课后服务"时段，学生的学习成绩能得到提高，学生能走进各类场馆动手实践，培养兴趣，发展能力。

统计分析让我们的研究避免了"经验式的漫谈"。以此为基础，我们再次梳理"课后服务"课程与国家课程之间的关系："课后服务"课程应该是对课程改革的呼应和深化，体现国家意志，应与国家课程横向关联、纵向衔接，让学生在减去过重学业负担的同时，在必要的学校组织、教师指导、家长参与之下，自主安排时间，过上一段充实好玩、有巨大获得感的课后生活；其核心是服从和服务于全体儿童的全面多元、健康和谐的成长与发展。

因此，我们将项目正式更名为"减负加权：'课后服务'多元课程建设"，将课程重新架构为"他组织""自组织"两大课程板块。这两大板块平分秋色，儿童需求、个人定制的特征更为突出，"童本课程"的权重得以增加。

"他组织"课程，即在原有研究的基础上，进一步聚焦以学校、教师、家长等成人为开发主体的课程，具体包括以下几种。

一是"社校共享课程"。秉持"让专业的人做专业的事"的理念，我们积极引入优质社区资源，推动社区与学校的课程共享，做到既有专业体育艺术课程，又有南通非遗课程，还有与职业院校合作开发的劳动技能课程，让学生在真实而广阔的生活情境中，潜移默化地实现多渠道、深层次、高质量的发展。

二是"馆校共建课程"。我们编撰《素质教育的城市课堂》校园读本，分为低、中、高三册，推荐了适合每一个年段学生的博物馆课程；我们还发放了"儿童护照"，学生每学年只有参访三处爱国主义教育基地、三处科普教育基地才能获得一枚"小小探索者"的签证章；我们与张謇纪念馆持续合作，培养出一批又一批"和实小小讲解员"。

三是"家校共融课程"。我们以家长志愿者活动为主体，用社会大空间拓宽学生视野，突破学生的学习瓶颈。各班依托家长在各领域所具备的资源优势，巧借外力成立课程研发小组，制订富有班级特色、切实可行的课程方案，打造拓展性、实践性菜单式课程，形成"一班一品"班级文化。

"自组织"课程是学生自己作为开发主体的"儿童留白"课程，由原来的"个本"课程升级而来。在"课后服务"中，我们专门腾出"留白"区域，供学生自由涂抹，或成为"小先生"，或自嗨玩乐，为学生的自由生长留足快乐时光。学生们的"留白"课程实施计划由学生自主申报，班级统筹实施。古今中外、天文地理、医学生物、法治文化等都被学生纳入了研究视野。我们的愿望是让每个学生走到台前，进阶成为独特的"发光体"。

（三）3.0版本："'$\frac{1}{3}$'托举式"课程架构

自2024年2月以来，经历了一年半的实践，我们发现学生的"自组织"课程受欢迎的程度最高。实践也表明，学生在自主开发课程的过程中，主体地位越突出，学习内驱力越强，参与度越高，获得感越足。"'课后服务'多元课程建设"不仅仅要满足学生当下的学习需求，更要为学生未来的可持续发展分担责任。

因此，我们将"儿童留白"课程更名为"小先生课程"，并将它置于课程建设的中心。"他组织"课程则致力于为"小先生课程"的自主开发与实施提供广博的智力背景、强有力的资源支撑、真实可模仿的行动范本，全力驱动、保障，进而形成独特的"'$\frac{1}{3}$'托举式"课程架构。我们期待我们的课程能够如"$\frac{1}{3}$"的小数形式一般，无限循环，为学生未来的成长提供源源不断的可持续发展动力。

为此，我们再次更新了"小先生课程"的申报表，针对不同的年级提出了螺旋上升式的要求，增强了不同年段学生的课程自主选择权、教师的课程指导权。同时，我们还设计了课程实施评价表，再一次增强了学生的评价权，让评价成为模仿的过程、创新的起点。

至此，"小先生课程"被正式提出。我们期待通过这样的课程改革，让教育指向完整人生，改变人们对学校、对课堂的固有印象。这也是我们对学校"和实"文化的丰富与发展，对儿童主体性、向善性、创造性的观照，对未来教育发展的适性追求和适度创新，并最终指向我们的课程哲学观：为了儿童生命的奔涌。

为了儿童生命的奔涌：
"小先生课程"实验报告

 "小先生课程"往哪里去？

"'小先生课程'往哪里去"这个问题问的是"小先生课程"的未来朝向。"未来"既是一个时空概念，也是一个哲学概念。在时空层面，"未来"是基于过去和现在的序列延伸，预示着尚未到来而又即将到来的一切，是模糊的、无限的、不可确定的。在哲学层面，存在蕴含着"未来"的未来主义的"哲学未来观"，其目的在于促使人们为适应未来可能的冲击做准备。未来主义教育家认为，通达未来教育最重要的途径在于课程改革，要使课程面向未来、探索未来，产生关于未来的形象。因此，在回答"'小先生课程'往哪里去"这个问题时，我们不仅要勾勒面向未来的"小先生课程"图景，还要勾勒面向未来的学校建设愿景，描绘面向未来的育人目标前景。

一、"小先生课程"顺应未来社会发展

课程的发展，无论是过去、现在还是未来，都与社会外部要素的发展变迁息息相关。课程变革的过程，实质上就是不断地适应当时和未来社会发展变化的过程。我们认为，"小先生课程"，作为一门由学校提出并开发实施的新型课程，将回应时代的呼唤。

"小先生课程"回应时代的呼唤，至少有两层含义。

一方面，"小先生课程"将顺应时代发展的需求。新一轮科学技术的迅猛发展和产业革命的蓬勃开展，使人类步入数字化时代。在数字化的影响下，社会经济、政治、文化、科技等正在发生着颠覆性的变革。英国社会学家杰米·萨斯坎德（Jamie Susskind）在《算法的力量：人类如何共同生存?》中指出，未来社会在数字化后，公平、权利、自由、正义等都会出现新的格局，整个社会的治理也会发生革命性变化。特别是人工智能越来越多地代替人类体力劳动，代替大部分脑力劳动，对教

育功能提出了挑战。这将彻底改变以知识为中心的教育范式，而注重对内在兴趣、创新意识、想象力、健康行为、审美情趣等可持续发展素养的培养将成为教育的主要目标。

在此背景下，教育领域的数字化转型越来越受到人们的重视。在国家政策上，国务院印发了《新一代人工智能发展规划》，并着力推进《教育信息化 2.0 行动计划》；中共中央、国务院印发的《中国教育现代化 2035》也指出，教育数字化对于未来教育的发展具有强大的促进作用和革新价值，是普及教育、确保质量、兼顾公平的重要手段。2024 年，联合国教育变革峰会把"教育数字化变革"列为五大重点行动领域之一。党的二十大对此做出专门战略部署，明确提出要"推进教育数字化"。《教育强国建设规划纲要（2024—2035 年）》也明确提出要"建设学习型社会，以教育数字化开辟新赛道、塑造发展新优势"。在学术研究上，学者、专家、一线教师更是积极探索教育数字化转型的路径与对策。

多样化、个性化社会的到来，以及新的认知格局的建构给今天的标准化教育带来了革命性冲击。课程作为教育的核心载体，要不断地适应未来社会变革、未来教育变革。关于如何去适应这种未来的变革，学术界认为应以教育的确定性应对未来的不确定。教育的确定性从根本任务来看就是立德树人，从培养目标来看就是培养德智体美劳全面发展的社会主义建设者和接班人，从教育价值来看就是要解决好育人与育才的关系。这就需要我们在把握好教育方向的同时，着力于创新课程体系，持续推进育人方式变革。因此，我们认为，"小先生课程"顺应了未来社会对教育的需求，有助于凸显学生的主体意识，培养学生的创新能力。

另一方面，"小先生课程"建设要顺应国家现代化建设的人才需求。中国式现代化战略目标决定了教育强国建设的战略布局和价值取向，体现了国家对教育的高度重视，也从根本上彰显了教育以人民为中心的根本宗旨。在推进中国式现代化进程中，需要聚焦实现人的现代化这个关键点。而实现人的现代化，最关键、最核心的抓手在于教育。教育具有政治属性、人民属性、战略属性，当然也具有社会属性。不管是从哪种属性出发,教育既具有历史继承性、时代发展性,又具有独特的开放性。教育之所以为教育,必有其自身发展规律,既有对传统文化的传承,又有先行于社会发展的超越。教育的这种传承性和超越性,是依托课程落实的。因此,课程被称为教育核心,有什么样的课程决定着有什么样的教育,有什么样的课程意味着培养出什么样的人才。课程设计与开发同样具有时代性,受国家对教育总体规划的制约,并在宏观层面上由国家为其绘制蓝本。当前,我国正在加快推进中国式现代化建设,社会、国家现代化的实现需要依托现代化的人才培养机制。国家现代化建设的人才需求也对课程现代化提出了新要求,课程现代化从根本上而言意味着课程要紧跟社会发展潮流,以适应当下及未来社会发展需求。因此,在现代化社会环境及国家现代化对人才诉求的双重影响下,课程要推进自身的现代化建设,将国家现代化要求整合进课程,使课程在目标、内容等层面与时俱进,面向未来,服务于人的现代化发展,进而为国家及社会培养推动现代化进程的人才。我们认为,"小先生课程"作为课程现代化建设的一种有效尝试,是满足中国式现代化建设人才培养需求的有效途径之一。

二、"小先生课程"建设促进人的发展

2001年,我国开启了第八轮基础教育课程改革运动。时至今日,虽不再强调"第八轮",但也没有提出第九轮课程改革的概念。这至少说明,当下课程改革一直沿袭着"为了每一位学生的发展"的核心理念,没有变。"为了每一位学生的发展"这一核心理念的提出标志着我国基础教育课程体系的价值转型。长期以来,我们的基础教育课程体系"为知识技能主宰,为升学考试左右",在一定程度上影响了学生身心健康发展。在课程改革不断深化的进程中,"核心素养"成为政策话语,素养导向也成为课程建设的一个重要向度。"核心素养"这个概念本身就强调了人的发展。人的发展成了课程的本体诉求,离开了人的发展,课程价值则无从谈起;离开了课程,人的发展也就成了一句空话。

人的发展,首先意味着人的正确价值观、必备品格与关键能力的协

调发展。雅斯贝尔斯（K. Jaspers）在《什么是教育》中说过这样的话，"教育是人的灵魂的教育，而非理智知识和认识的堆集"①。我们首先需要关注"整体的人""完整的人"。第八轮课程改革制定国家课程标准以代替一直沿用的教学大纲，原来的教学大纲多以学科体系为中心来表述学科要求掌握的知识与技能，其中的教学要求否认个体差异，规定学生必须达到统一的最高标准，从而造成学生疲于应付知识学习。国家课程标准则是对学生某一阶段的学习结果所做出的最低限度的、共同的要求，并不规定课程的具体内容，这为学生的经验进入课堂打开了方便之门。只有当知识学习与学生的经验融为一体，知识才能与个体发生意义关系，从而对个体生命的建设发挥作用。随着课程改革的深入推进，特别是党的十八大以来，立德树人成为教育改革的根本任务。立德树人的价值导向直指"立什么德""树什么人"的问题，这里的"人"，就是指全面发展的人。在2016年我国出台的《中国学生发展核心素养》总体框架中，我们可以清晰地感知这一教育追求。2022年新颁布的义务教育课程标准，用素养导向取代三维目标，更是体现了培养人的全面发展的主旨立场或精神。

"小先生课程"建设不同于传统学科课程，它面向人的发展。传统学科课程以学科为中心，尊崇的是"唯科学主义"，往往脱离了儿童的生活世界，进而加剧了教育中生活意义的丧失。"小先生课程"是"小先生"的课程，是学生的课程，其显著特征之一是对儿童生活世界的回归；其基本理念是以学生为中心，涵养人文精神、塑造人格品质和引领人生发展；其强调"小先生课程"是发生在师生之间的真实生活世界的社会活动，学生的体验和经验成为"小先生课程"的重要内容。正如钟启泉先生所说，个体存在的完整性不是不同学科知识杂烩的结果，亦不是条分缕析的理性思维的还原，构建个体存在的完整性不仅需要个体通过丰富多彩的生活体验和个性化的创造表现来丰富生命的内涵和质

---

① 雅斯贝尔斯. 什么是教育［M］. 邹进，译. 北京：生活·读书·新知三联书店，1991：4.

为了儿童生命的奔涌：
"小先生课程"实验报告

地，也需要个体向整体的生活世界敞开心扉，同自然、社会和自我进行真实的对话和交流。因此，我们认为，儿童生活世界是"小先生课程"得以建构的场所。事实上，教育只有向生活世界回归才能体现教育意义的真谛。课程教学也应该在学生的生活世界中关注教育意义的建构，在现实生活中关注师生之间的对话与理解，追寻富有意义的、充满人性的教育。

"小先生课程"的另一个显著特征是寻求基于学生个人理解的知识建构。知识是课程的重要内容和载体，是课程目标得以实现的基础。不同的知识观会对课程形态及学生的学习方式产生不同的影响。传统课程体系信奉客观主义的知识观，认为知识是客观的、普遍的存在，是外在于人、供人掌握的真理。这样的课程外在于学生丰富的现实生活，课程实施过程被简化为向学生进行单向度的知识灌输，学生作为知识容器始终无法将知识转变为自己的理智力量，也无法实现对知识的发现和创新。"小先生课程"认为，"小先生"应当将在日常生活中通过直接体验获得的知识变成自己的知识；"小先生"自己的知识与其本身有着一种整体性的意义关联，对其个人的成长和发展产生重要影响。因此，"小先生课程"有着一种新的知识观，不再视知识为外在于认知者的、确定不变的结论，而是视其为一种探索的行动或创造的过程，"小先生"内在于这个过程之中，与知识不是分离的，而是构成一个共同世界。由于"小先生"参与了知识的创造，知识不再是纯粹的认知活动的产物，它与个体的兴趣、情感、信仰等相关。知识不再是具有普适性的简单规则和既定结论，"小先生"的参与态度、个人见解、现实生活、直接经验随之进入课程，并与之有机融合。"小先生课程"通过短期引领，孵化儿童"内在生长"；通过中期引领，鼓励儿童"多元生长"；通过长期引领，追求儿童"自律生长"；最终，使学生在自己的最优发展区"肆意生长"。"小先生课程"真正属于"小先生"。

三、"小先生课程"建设助力学校发展

传统的学校教育多是一种灌输式的教育。教师扮演着"讲解主体"

的角色，学生只是一群"倾听客体"，师生之间缺少足够的平等对话和沟通合作。自我国实施第八轮基础教育课程改革以来，素质教育广泛开展，单向度灌输式教育压抑人性、阻碍进步的情况有了明显的改善。而素质教育的深入开展、学生核心素养的有效培育，不仅有赖于国家课程的有效实施，还依托中小学的校本课程开发。在新时期的教育改革过程中，校本课程作为践行新课程改革重要理念、关键举措的重要平台，有助于完善学校课程体系，改善传统师生关系，促进教师专业发展，展现学校办学特色，落实立德树人根本任务，从而深化我国的教育改革。"小先生课程"是校本课程的一种形态，其建设必然走向学校发展，也必然促进学校发展。

学校发展的显著标志是学校办学特色。一个学校的办学特色是其办学理念的提炼与升华，是学校持续发展的不竭动力。它不仅直接影响学校的定位，还影响学校的社会声誉。校本课程开发有助于学校明确自己的教育哲学、教育目标、办学理念，完善学校的课程结构、管理与评价机制，进而在课程实施过程中不断展现自身的发展特色。而学校的办学特色还会进一步潜移默化地影响培养对象，使其走出校门后仍具有鲜明的学校特色。

南通市城中小学既是一所百年老校，也是所在市域范围内的热点名校，在长期的办学实践中，形成了"和实"校训，"和实"两字高度凝练地概括出学校"和而不同、真实扎实"的精神内核与文化追求。在新的教育形势下，我们把学校文化定义为"和实学堂"文化。

"学堂"首先是一个空间概念，我们将学生学习主要发生的三大场域喻为"学堂"，这三大场域指课堂、校园（家园）、社区。我们将课堂称为"学堂"，突出了"以教为主的课堂"向"以学为主的课堂"的转变；将校园（家园）称为"学堂"，突出了对中华传统文化的尊崇、对百年创校初心的坚守，旨在表达教育应回归中国人的精神家园；将社区称为"学堂"，突出了现代智能社会背景下学校与社区的携手共建，突破学校文化"孤岛"效应，进而形成"学校在社区中，社区在学校中"的学校新样态。

为了儿童生命的奔涌：
"小先生课程"实验报告

"学堂"其次是一个文化概念，主要体现在以下几个方面。一是学校的文化场域。法国社会学家皮埃尔·布迪厄（Pierre Bourdieu）提出"文化场域论"，他认为，文化场域作为社会场域的重要部分，包括不同的价值取向、认知方式和行为习惯。个人作为同一文化场域中的"行动者"，会逐渐形成一致的道德观念与言行方式。我们拟以"文化场域论"的视角开展学校文化建构，"学堂"不只是简单的学习空间，更是充满育人意蕴的文化场域。二是学校生活的诗性表达。晚清学堂教育力求"体用"兼顾（体：中学为体；用：西学为用），在近代中国社会变革中发挥了重要作用，一方面，促进了中国人的知识系统、思维方式发生改变，推动了新文化产生；另一方面，发挥了学堂的人文教化作用，使中国传统文化精义得以传承。现今将"学校"称为"学堂"仍带有一定的崇文重教传统文化倾向。我们将学校文化称为学堂文化，从某种意义上讲，是对当下学校生活的一种诗性表达。三是文化建设的共生空间。"学校小社会，社会大学校"，陶行知先生的大教育观启发我们，以"学堂"概念统摄"和实"文化建设的三大载体，可形成一种传统与现代气息兼备、诗性与理性精神共存、独立与共融功能交辉的文化大空间。以课堂为聚焦点、校园（家园）为着力点、社区为拓展点的"和实学堂"文化新空间，有利于打破各类文化区隔现象，助力实现各类学习场域的共生与重构。

"和实学堂"概念的提出，从某种意义上反映出学校对理想教育场域的诉求，即"和"的社区、"实"的家园、"学"的课堂。理想的教育要与社区实现破壁，追求和谐；要让知识充满校园，使校园成为精神富实的家园；要让以教为主的"教堂"转向以学为本的"学堂"，让学生的学习真实发生。"和的社区"要靠"打开"来实现，"实的校园"要靠学校文化建设来造就，"学的课堂"要通过理念与行为的转变来创建。于是，学校将努力打开、建设"和"的社区，创造、维护"实"的家园，转身、走向"学"的课堂。当然，"和""实""学"这三个字也是"互文"的，既有"和"的社区，也有"和"的家园、"和"的课堂；既有"实"的家园，也有"实"的社区和"实"的课堂；既有"学"的课堂，也有"学"的社区、"学"的家园。如果一定要"分施"于三个对象，那么可把"和"交给社区，把"实"交给家园，把"学"交给课堂。

"小先生课程"建设的基石是学校的"和实学堂"文化。从某种意义上讲，"小先生课程"源自学校文化，是学校办学特色的重要载体。与此同时，"小先生课程"建设将助力学校发展，这表现在两个方面：一方面，"小先生课程"建设为教师个性品质和能力专长的凸显与发展提供了重要路径，培育了"大先生"，促进了教师专业发展，加强了学校师资队伍建设，提升了学校办学质量；另一方面，"小先生课程"让学校拥有了一个践行其教育哲学、办学理念的实践场域，在该实践场域中学校丰富了"和实学堂"的文化内涵，发展了文化主张，铸就了文化品牌。

第三章

因由究索

04　"小先生课程"有什么教育背景？

学校为什么要赋予儿童真正的课程开发的权力，让儿童能够自主开发并实施"小先生课程"呢？这需要从我们对教育的基本认识说起。

教育是引导人生存与发展的伟大事业，它事关个体成长、国家发展和人类未来。时代、社会和国家的发展对教育的发展提出了具体的要求，规定了教育发展的方向、路径和策略。具体而言，"小先生课程"有三大教育背景。

一、时代呼唤创新型人类命运共同体的建构者

（一）科技发展呼唤新时代的创新型人才

当今人类社会进入了加速发展的崭新时代。科技革命加速了人类发展的进程，极大地改变了人类生产生活的方式，也将极大地改变人类教育的发展方式。

始于 20 世纪末的第四次科技革命，以电子和信息技术的普及应用为发端，互联网、移动通信、物联网、虚拟现实、增强现实、大数据和人工智能技术迅猛发展，极大地改变了人类的生活和发展方式，世界成为"地球村"，万物互联、信息互通成为现实。

新科技革命将引发教育的革命性变革，教育将从规模化教育走向生态化、分散化、网络化、生命化的个性化教育。教育的目标将是培养适应科技革命需要的各种创新型人才，特别是大量基础性的和数字化的劳动者、创造性的研发者和现代化的服务者。教育的组织形态将从以班级授课制为核心的学校教育，走向分散式、数字化、网络化、远程化、家庭化、个性化的学校教育、家庭教育与社会教育三者相融合的组织形式。线下现场学习与线上学习、游戏化学习、定制化学习、虚拟社区学

习有机融合的新型教育方式将不断涌现,超时空的学习与交流成为现实。

(二)世界大势呼唤人类命运共同体建设者

当今世界面临百年未有之大变局,政治多极化、经济全球化、文化多样化和社会信息化的潮流不可逆转,世界各国相互依赖、相互联系、共同发展成为必然。同时,世界发展面临许多挑战,气候变化、环境保护、粮食安全、网络安全、能源危机、军备竞赛、核武器扩散等问题严重威胁着人类的生存与发展,这些问题的解决必须依靠世界各国的共同努力,人类共同应对未来挑战成为发展趋势。

2013年3月,习近平总书记首次提出构建人类命运共同体理念。2015年9月,习近平总书记在第七十届联合国大会一般性辩论上发表重要讲话指出:"当今世界,各国相互依存、休戚与共。我们要继承和弘扬联合国宪章的宗旨和原则,构建以合作共赢为核心的新型国际关系,打造人类命运共同体。"2022年11月,"人类命运共同体"理念被写入联合国大会第一委员会三项决议。"人类命运共同体"这一全球价值观包含相互依存的国际权力观、共同利益观、可持续发展观和全球治理观。"人类命运共同体"理念是以习近平同志为总书记的党中央为人类未来发展提出的中国方案,彰显了中国智慧。

"小先生课程"的根本目的是为未来培养具有独立人格和合作精神的人类命运共同体的建设者。当前,人类社会发展进入崭新阶段,解决人类社会发展的重大问题需要相互信任和相互合作。培养人类命运共同体的建设者,需要从教育开始;需要从小作为,从儿童的成长开始;需要从儿童成为"小先生"开始。"小先生"首先是自主自信的,儿童只有真正成为"小先生",才会体会他人存在的意义和价值,人人成为"小先生",人人都是伙伴,人人都是懂得合作共赢的同伴。为了共同的目标,需要儿童组成共同体,你中有我,我中有你,在共同的学习和生活中成为合作共赢的幸福的"合伙人"。新时代的教育是为了塑造未来的人类命运共同体的建设者。

二、社会期待协作型团队命运共同体的"合伙人"

（一）社会发展期待共建共享

1970年，美国社会学家玛格丽特·米德（Margaret Mead）在《文化与承诺》一书中，将人类社会划分为"前喻文化"时代、"并喻文化"时代、"后喻文化"时代三个时代。"前喻文化"时代是指学习者主要向长辈学习的时代，农业社会就是"前喻文化"时代。"并喻文化"时代是指学习者的学习主要发生在同辈人之间的时代，在这个时代，知识更新加快，工业时代就是"并喻文化"时代。"后喻文化"时代是指长辈反过来需要向晚辈学习的时代，后工业时代和信息时代就是"后喻文化"时代。今天，教师已经不能自诩比学生懂得更多，不能自认为自己的学习能力比学生强。今天，儿童通过网络或其他手段会比家长、教师更早、更多地获得信息，加之相较成人，儿童接受新信息的能力更加强大，许多儿童在网络技术、信息获取能力等方面都已超过父母和教师。事实上，儿童在信息技术、文化消费和娱乐方式等方面是成人的"小先生"。

如今的社会已经进入了"互喻文化"时代，即万物互动、相互学习的时代，是需要终身学习的"学习型社会"。今天每个人都是学习者，学习不再是单向的，而是多向度的。儿童向成人学习，也向同辈学习，更向互联网虚拟世界学习；成人需要不断学习，需要向长辈学习、向同辈学习、向晚辈学习，利用一切可能的机会来学习，否则，他们将不能胜任自己的工作，不能很好地适应社会生活。

今天，社会的每一个个体都不是孤立的，都会在不同的时期与不同的人组成不同的学习共同体、生活共同体。每一个个体都不能独自面对并独自解决信息过剩时代下的学习、工作和生活的种种问题。在团队中，共析、共建、共享信息，共商、共同解决问题，是现代社会公民必须掌握的核心素养。我们的"小先生课程"就是要让儿童能够做自己的主人，做团队的主人，做社会的主人。

(二)社会进步期待共生共赢

1979年,美国著名人类学家和生态心理学家尤里·布朗芬布伦纳(Urie Bronfenbrenner)出版《人类发展生态学》一书,提出了著名的人类发展生态学理论,用系统论的观点分析了社会成员个体和不断变化的环境之间的相互作用关系。布朗芬布伦纳认为,影响社会个体发展的生态系统有五个:一是微观系统,即儿童每天直接接触的生活环境,父母、照料者、朋友和教师都是影响者;二是中间系统,即儿童个体所处的两个或两个以上微观系统之间的相互联系和彼此作用,对儿童产生直接或间接的影响;三是外部系统,代表了对儿童产生一般影响的系统,包括政府、社区、学校、大众传媒等社会机构,外部系统会影响微观系统和中间系统;四是宏观系统,指个体所处的文化环境,文化环境有形或无形地影响个体的成长;五是时序系统,是上述所有系统的基础,时序系统涉及时间对儿童发展产生影响的方式,即历史事件和渐进的历史变化,以及个体的生活环境、个体的种种心理特征随时间推移所具有的相对稳定性与变化性。

现代社会的发展速度远远超过人类社会过去的发展速度,其主要标志是信息和能量在人类社会的各个生态系统之间不断交换和流通。在这样的生态社会中,生存发展的个体不仅离不开社会生态系统对他们的支持,同时他们也用自己的成长方式向社会生态系统传递信息和能量,对社会系统的发展施加他们独有的影响。也就是说,一方面,社会个体是环境的一部分,不能离开社会环境而独自生存;另一方面,他们不是被动地适应环境,而是与环境不断互动,以他们的创造性行为影响着环境的变化与发展——尽管对个体而言,这种影响是微不足道的,但是对整个社会群体乃至人类整体而言,这种影响是巨大的。现代社会的发展与进步离不开个体的成长与发展,对一个社会团体而言如此,对一个国家的发展更是如此。在社会生态系统中成长发展的社会个体之间是共生的,也必须是共赢的,唯有如此,社会才能不断发展。

三、国家需要开拓性社会主义伟大事业的接班人

（一）国家发展需要自信自立的中国式人才

2014年4月，教育部《关于全面深化课程改革落实立德树人根本任务的意见》指出："着力培养学生高尚的道德情操、扎实的科学文化素质、健康的身心、良好的审美情趣，努力使学生具有中华文化底蕴、中国特色社会主义共同理想、国际视野，成为社会主义合格建设者和可靠接班人。"同时，提出"教育部将组织研究提出各学段学生发展核心素养体系，明确学生应具备的适应终身发展和社会发展需要的必备品格和关键能力"。2016年，《中国学生发展核心素养》总体框架发布，以"全面发展的人"为核心，分为"文化基础""自主发展""社会参与"三个方面，并进一步细分为六大素养十八个素养要点。

2022年10月，党的二十大报告《高举中国特色社会主义伟大旗帜，为全面建设社会主义现代化国家而团结奋斗》提出"必须坚持自信自立"，"必须坚持守正创新"，"以中国式现代化全面推进中华民族伟大复兴"；应坚持实施教育、科技和人才一体化发展战略，"加快建设教育强国、科技强国、人才强国，坚持为党育人、为国育才，全面提高人才自主培养质量，着力造就拔尖创新人才，聚天下英才而用之"；加快"实现高水平科技自立自强，进入创新型国家前列"。

推进中国式现代化建设，实现中华民族伟大复兴，是党领导中国人民要实现的第二个百年奋斗目标。这个伟大目标的实现必须依靠教育来培养大量国家发展所需要的自信自立的中国式人才。这些人才首先应具有中国文化自信，也就是具有中华文化底蕴、中国特色社会主义共同理想；其次应具有自主发展的核心素养，能够立足中国大地；最后还应具有国际视野，聚力创新创造。我们的"小先生课程"真正赋予儿童自主开发课程的权力，努力培养儿童自主开发、实施课程的能力，通过儿童的自主自立进一步转变儿童的学习方式，让儿童过一种丰富多彩的教育生活，成为自己的主人，成为学校的主人，成为学习的主人，成为创新的主人，成为中国未来发展的主人。

（二）民族复兴需要自主自强的拔尖创新型人才

党的二十大报告提出，要"着力造就拔尖创新人才"。可见，拔尖创新人才的培养对于中华民族伟大复兴意义巨大。拔尖创新人才一般是指智能发展超过同龄人的一般发展水平或者具有某方面特殊才能的人，他们常常能够在某一领域取得显著成就，对社会做出突出贡献。拔尖创新人才是新知识的创造者、新领域的开拓者、新技术的发明者，是引领科技创新与产业发展方向的关键力量，也是人才资源中最宝贵、最稀缺的。

拔尖创新人才的培养需要从儿童开始，需要对其进行系统的培养，需要将其贯穿基础教育、高等教育乃至终身教育的全过程。拔尖创新人才的培养需要营造良好的创新创造氛围，引导儿童开阔眼界，打开他们的人生格局；需要大力培养儿童想象、猜测的能力；需要培育儿童自主自强的勇气。我们的"小先生课程"将儿童的发展看成我们的终极目标，我们将汇聚多种力量、各种资源为儿童的成长发展服务；我们将相信儿童、信任儿童，尊重儿童的选择和愿望，激发儿童自主发展的意愿；我们将把促进人类社会整体进步的理想濡染进儿童的心灵，始终关注儿童的个体动态发展。"小先生课程"也许并不能让所有儿童表现出创新创造的潜质，但至少能够培养他们的创新意识和创新能力，为他们未来的创新创造打下基础，一旦时机成熟，他们将成为民族复兴所需要的拔尖创新人才。

05 "小先生课程"有什么代表案例？

课题组搜集了近年来有关"小先生课程"的期刊论文、学位论文和专著，发现"小先生课程"早在中国春秋战国时期就已见端倪，在中国古代的书院教育中也常被采用。18世纪末，英国人安德鲁·贝尔（Andrew Bell）和约瑟夫·兰卡斯特（Joseph Lancaster）创立的贝尔-兰卡斯特制（又称"导生制""相互教学法"）就是典型的"小先生课程"。陶行知先生在其平民教育实践中，也广泛地采用了"小先生制"。相关研究在现当代也不少见。我国近年来的相关研究实践的主要代表有以下四所学校。

一、山东省泰安市省庄镇第二中学："小先生制"下的高效课堂

（一）改革历程和课堂形态

泰安市省庄镇第二中学（以下简称"省庄二中"）地处泰安市泰山区省庄镇东苑庄村，是一所农村初中。自2002年起，学校为了破解教育改革困境、确立学生学习的主体地位，试点让学生讲课的课堂教学改革。经过两年多的探索，改革初见成效。2004年，学校全面推广"小先生制课堂"，逐步形成了课堂教学改革的机制和模式。2006年，学校建立了以"精彩主讲"和"精彩主持"为主要形态的"小先生制"课堂。学校"小先生制"课堂教学改革成果引起多方关注：2008—2010年，山东省教育厅原副厅长张志勇先后五次到省庄二中考察；2009年，学校获评"山东省教育创新先进单位"；2011年，获山东省地方教育创新成果一等奖；2012年，获评"全国特色学校"；2013年，学校教改成果被系统整理，由教育科学出版社出版为《小先生制，让课堂更高效》；2014年，学校获山东省教学成果一等奖。

让学生教，学校称之为"精彩主讲"；让学生管，学校称之为"精彩主持"。让学生上课，就是让学生主讲，让学生主持。"精彩主讲"以学生讲为主，以教师讲为辅，主要讲三方面的内容：（1）内心怦然一动的感觉；（2）原来陌生，现在熟悉了的知识；（3）生活、生存、生命的经验和经历。主讲一般有三种方式：（1）优秀学生在课堂讲解重难点；（2）学先教后，分小组展示讲解；（3）重难点分解突破，分组讲解。

"精彩主持"就是让学生主事，让学生管理，让学生在既定时空里当家做主。学生主持人分为班内主持人和组内主持人。"精彩主持"运用"计划、组织、协调、激励、评价和资源分配"的手段，将"人"与"事"对接，安排所有人做所有事，从而将"人人有事做，事事有人做，时时有事做，事事适时做"的目标变成现实。"小先生"怎样才能"精彩主持"？首先要学会发现人的优点、亮点、强项、长处，其次要掌控课堂的秩序、顺序和流程。如何把学生推向"精彩主持"的岗位？（1）岗前培训（见习）；（2）规则培训（告知和应用）；（3）课前、课中、课后提醒。主持人的产生可分为四个阶段：第一阶段，明确从优秀学生中选拔主持人的原则；第二阶段，报名；第三阶段，选拔；第四阶段，把主持人当作课程资源的一部分来开发。

（二）主要概念和目标追求

"小先生制"课堂是一种由学生主持、由学生主宰、由学生讲给学生听的师生共同学习的课堂。"小先生制"课堂是一项跨学科、跨年级、跨学段，所有教师可以同时实施的教育课堂。"小先生制"课堂具有三要素——主讲人、主持人、教师。

"小先生制"课堂改革的最终目标是建立"公民课堂"和实施公民教育。"小先生制"课堂是为培养未来合格公民做准备的课堂。学习做"小先生"、学会"即知即传""即觉即管""即悟即理"的技能和技巧、学会当家做主人是"小先生制"的真正内涵。让学生主讲、让学生主持的重要价值在于"激发"，一次成功而有意义的激发能"唤醒学生心中的巨人"。"小先生制"课堂的目标追求包括以下几点。

1. 学习学习，学会学习

学生的任务是学会做人、做事和学习。怎样学习？一是学会发现。学习从发现开始，需要调动一切感觉器官发现有用的信息。二是学会观察。眼、手、脑配合，边观察、边分析、边分析、边观察，由表及里、由此及彼、由现象到本质。三是学会模仿。参照别人的样子做，看到别人怎么读，自己就怎么读；看到别人怎么预习，自己就怎么预习……人家做一步，自己就跟着做一步。四是学会重复，就是要不断练习、不断修正、不断反思、不断进步，养成良好习惯。五是学会规范，就是掌握需要共同遵守的规则和学习规律。六是学会创新，就是不墨守成规，对学习的过程和结果持开放态度。创新是学习的不竭动力，是学习的最高境界。

2. 学习自主，学会自主

学先教后，解放学生，让学生做课堂的主人是"小先生制"课堂的基本特征。让学生真正成为学习的主人，要做到"三还"——把时间、空间、学习还给学生，还要做到"三放"——放心、放手和放下。

3. 学习主讲，生成智慧

课堂是思维碰撞的核心场所。给学生机会，帮学生搭起舞台，让学生到舞台上去唱歌、去演讲、去表达，一言以蔽之，就是让学生主讲。这样才能实现智慧的复演，生成新的智慧。

4. 学习主持，提高素质

学习主持就是学习"当家做主"的本领，就是把自己学习的"当家做主"的本领应用到课堂上，应用到生活实际中；就是在丰富的活动中学习主持，在情感的体悟与表达中学习主持，在多姿多彩的集体生活中学习主持。"不抛弃，不放弃"，让每一名学生都学会精彩主持。

5. 学习向上，收获幸福

快乐是个人的追求，幸福是家庭的追求，和谐是社会的追求。要引导"小先生"们通过自己的努力获取成功和喜悦，收获"乐观、豁达、自豪、积极向上"的人格，收获幸福的生活，促成和谐的社会。

（三）课堂范式和具体操作

1. 课前：课前准备以预习和课堂设计为主

第一步：认定目标——让学习从发现开始。师生须合作确定两个目标：第一，从这节课应该且能够掌握多少知识、经验和技能；第二，这节课有多少难啃的"骨头"，应该啃到什么程度。学生确定目标是为了以"教者"的姿态进行学习，为成为课堂学习的"小先生"做准备。教师确定目标是为了"以初学者的姿态参与学习"，进而"帮助学生走好脚下的路"。

第二步：寻找路径——让学习策略多样化。师生要做好充分的准备，调动一切可以调动的力量进行学习，发动大家寻找最佳的学习路径、适合课堂的学习策略，例如带着任务收集资料、辩论、演示、展示、合作探究。

第三步：检查结果——让学习具有有效性。其实质既是对学生预习的引领，也是对课堂流程和结果的预设。这就要求师生有计划地安排和预设课堂上的每一分钟、每一块空间和每一种可以利用的资源。

2. 课中：课中行进重在有序，有序才有效

课堂流程：自主学习—发现问题—合作探究—展示质疑—总结评价—达标检测。这就是"精彩主讲"和"精彩主持"的课堂流程，也是"小先生制"课堂的模式。

自主学习：课上至少要有10分钟的自主学习时间。学习前要明确任务要求，过程中要保证时间充足，环境要保证宽松、开放。

发现问题：学习上的问题就是学生在学习中产生的一切不识、不知、不懂、不会、不能的困惑。这些问题可以是课前预习时的问题，可以是课堂学习遇到的问题，也可以是一直思考的问题。

合作探究：合作探究是小组解决难点问题的过程，一要突出合作，二要突出探究。探究是搜集、查找、验证、破解的过程。合作探究重在对顺序和流程的管理，简练表达和有序发言最为重要。

展示质疑：展示就是展现、表达、示范，就是"精彩主讲"。质疑则是对展示成员的思想、观点、方法有针对性地提出怀疑、询问甚至批

驳。展示质疑实行"组内合作、组间竞争"。

总结评价：主持人对学习活动进行总结和评价，教师进行补充引导。教师不仅可以开展小组总结评价，还可以进行班级总结评价，重在引导学生自我评价。总结必须全面、深刻，评价必须真诚、有针对性。

达标检测：既可以是有形的，根据学科和学习实际进行书面检测；也可以是无形的，倾向于对学生学习、互动、合作、探究、展示、质疑的观察，将外在检测和内在检测相结合。

3. 课后：捡拾和积累有用的知识与经验，才能更有信心

捡拾：引导学生学会随时捕捉自己的智慧火花。学生应及时对课堂上没听懂的地方进行询问；补充和完善自己的注释与注解；及时复习，做到温故而知新。

积累：引导学生做笔记，将能打动人的、重要的知识整理到笔记本上，以长期保存；建立错题本，将常常做错的题目记录下来，找找原因，努力改正；打包整理，实现知识的系统化、整体化。

反思：学生反思自己的课堂操作，记录自己的心得和体会，总结成功经验，思考记录需要改进之处；教师反思自己角色的优缺点，关注自己的教学时机、话语权掌控情况、"舞台"搭建情况、"引导、点拨、纠偏、补漏"的完成情况。

二、南京市樱花小学："小先生制"下的伙伴学习

（一）伙伴学习：建构新时代的"小先生"共同学习范式

江苏省南京市樱花小学创办于 1912 年，是人民教育家陶行知先生最早创办的九所乡村实验小学之一。自 21 世纪起，学校以陶行知思想为指导，坚持"儿童中心"理念，以陶行知"小先生制"思想为指导构建儿童学习共同体，探寻"小先生制"下的伙伴学习路径，创新儿童学习形态。2001—2005 年，学校构建了"自主实践教育"指导思想下的多学科教学模式，形成了小学生自主实践教育体系，在班级管理中开展"小先生制"实验，主体性生活德育卓有成效。2006—2010 年，学校开展了当代小学生童趣化生活教育的实践研究，构建了童趣化的德

为了儿童生命的奔涌：
"小先生课程"实验报告

育活动体系，营造了童趣化、生活化的课堂教学文化。2011—2015年，学校建设形成了"生活教育"思想下的学校课程文化。2016—2020年，学校开展了"'小先生制'下伙伴学习的实证研究"。2021年，学校组织编写了《小先生制下的伙伴学习》。

学校在陶行知"小先生制"的思想指导下，探索儿童伙伴学习的路径，创新儿童学习形态。"小先生制"下的伙伴学习以伙伴关系为基础，以完成共同学习目标为基本动力，以互教互学为根本方式，以团体成果为评价标准。学校提炼出建立伙伴学习小组的"四阶段"路径，构建了"五元素"学习模型，并通过建立伙伴学习公约和激励制度，以及引入发言牌、小组评价单等多种工具，建立支持伙伴学习的基本制度和资源。"小先生制"是伙伴学习的基石，伙伴学习是"小先生制"的传承和创新。伙伴学习将先知与后知的关系转向平等互惠，将师生关系和生生关系转换为学习伙伴关系，互教互学是"小先生制"下伙伴学习的本质内涵。"小先生制"下的伙伴学习小组不仅活跃在学科课堂上，而且活跃在个性化社团、校本课程、综合实践活动等的交互式学习中。"小先生制"下的伙伴学习课外实践旨在培养"会生活、爱生活、创造美好生活的少年"。学校构建了"小先生制"下伙伴学习课外实践五大图谱（伙伴美德实践、伙伴康健实践、伙伴文学实践、伙伴科学实践、伙伴艺术实践），提出了伙伴学习课外实践五大策略（兴趣驱动、真实情境、角色体验、做中学、挑战式学习）。

（二）基于情感认同，建构"小先生制"下伙伴学习的组织架构

1. 分组准备，进行伙伴关系问卷调查与分析

学校对实验班学生进行问卷调查，每人从班级中选出六位自己最喜欢与其在一起学习的同学，按喜欢程度从高到低排列，在此基础上对学生受欢迎程度、主动选择伙伴情况和被选择情况进行分析。调查发现，班级整体伙伴关系融洽，学生受欢迎程度与学习成绩关系紧密。

2. 小组初设，开展团队访谈与分组

根据学生学习伙伴意向调查问卷及相关图表，教师将班级中的学生

预分为 10 组，每组 3~5 人。为了解各组构成关系，学校研制访谈提纲，开展学生访谈。访谈围绕"伙伴学习"话题展开，目的是引导学生深入了解"小先生制"下的伙伴学习，认同学习小组。之后，根据访谈结果调整学习小组成员。

3. 组内磨合，促进团队建设

正式分组后，小组成员共同商定自己小组的组名，确定团队目标。为保证取得更好的伙伴学习效果，教师带领每组学生共同商定对伙伴学习有意义的公约，这些公约是小组成员自己共同约定的，是动态的，每个小组的公约有不同的内容和表述。

4. 动态调整，进行满意度调查分析

一段时间后，教师对伙伴学习小组进行满意度调查，并根据学生的意愿和班级实际情况，对学习小组进行调整。调整是动态进行的，突出自组织、自建设、自反思、自调整，目的是建设学生认同的新型学习小组形态。

（三）围绕学习进程，完善"小先生制"下伙伴学习的模型

1. 多样化的伙伴学习目标

这是所有成员都愿意通过共同合作实现的伙伴学习群体目标。多样化学习目标的设置遵循三个原则：一是可选择，各学习小组可以选择不同层次的学习目标；二是能组合，应充分尊重每个学习小组的选择自由；三是有挑战性，应让学生"跳一跳"就能获得相应知识、能力和品格。

2. 互为"小先生"

在伙伴学习过程中，"小先生"和"学习者"的角色应不断变化，呈现出互教互学状态。学生根据各自的优势和不足，适时承担各自课堂学习的责任，有时是"小先生"，有时是"学习者"，须历经三种角色的转换："小先生角色""小学生角色""互为小先生"。

3. 适切的伙伴学习活动

在设计组织伙伴学习活动时，需要做到以下几点。一是适恰伙伴。教师需要准确把握学习小组的活动起点，考虑每个伙伴的学习特点，激

发每个伙伴的学习动机和学习兴趣。二是适切课程。教师需要科学选择伙伴学习活动的课程内容，并进行创造性处理，合理开发课程资源，有效拓展课堂教学空间。三是适应未来。教师需要立足当下、放眼未来，通过个性化设计、创造性实施，着力培养学生的创新创造能力、合作能力。

4. 实施整体性评价

实施整体性评价是整体评价学习的发生、发展和成效。首先，这是一种综合性评价，评价对象既关注群体，也关注个体；评价内容既关注学习结果，也关注学习过程，更关注学生综合素养的培养；评价主体多元，评价方法多样。其次，这是一种全过程评价，目的是培养学生的核心素养。最后，这是一种集体性评价，通过外部激励增强学习伙伴的团队归属感、荣誉感和合作力。

5. 伙伴间成果共享

建立伙伴学习的共享机制，根据学习任务的层次合理设置共享范围，让每个成员都有分享机会。共同的目标追求和情感归属，带来伙伴间的知识共享、多向流动，带来思维共享、思想碰撞，带来方法共享、工具分享。共享可以是小组内部共享，可以是组与组之间共享，还可以是全班共享。

（四）尊重生命体验，优化"小先生制"下伙伴学习的制度保障

1. 提供"小先生制"下伙伴学习的制度支持

一是共商班级伙伴学习公约。在各个伙伴学习小组的伙伴学习公约的基础上，班级任课教师和全体学生经过多轮讨论，制定班级伙伴学习公约，指引、监督、约束伙伴成员，保障伙伴学习活动有序开展。二是高效运用激励制度。激励的目的是促进伙伴学习，让学习共同体深度联系、荣辱与共，形成人人都有责、人人须尽力的共识，形成集体力量大于个人、合作比单干更为出色的学习理念，形成共同学习的手段和方法。激励制度包括伙伴小组内分工合作的竞选机制、"小先生"分析归纳总结机制、教师和"小先生"共同研究教学计划机制、"小先生"小

组展示和班级展示交流机制、学习小组伙伴自评和互评激励机制、优秀小组和优秀"小先生"评比表彰机制等。通过这些机制，师生的创造力被无限挖掘，伙伴学习的激励制度获得动态发展。

2. 提供"小先生制"下伙伴学习的工具资源

为了保障伙伴学习的顺利高效进行，学校开发了以下学习工具。一是发言牌。这是一个椭圆形的上面写着"我来说"的醒目标牌，学生发言时需要举起发言牌，发言结束后将发言牌传递给同伴，让其接着发言或是对发言进行补充。它能够提高听讲学生的注意力水平，引导他们认真倾听同伴的发言。二是小组评价单。它规范了小组学习的评价行为，让学生评价更加科学有效，也引导学习小组成员之间进行合作互动，提高了学生的评价能力，也解决了过去评价不够及时的问题。三是移动白板。它方便了学习小组学习成果（作品）的呈现与展示，其他小组的学习伙伴也可以通过自评和他评的方式参与学习交流，产生更大的交流互动空间，这是学生交流成果和思想的阵地。四是"六顶思考帽"。这是创新思维学之父爱德华·德·博诺（Edward de Bono）博士开发的一种思维训练方式。他用六顶不同颜色的帽子代表六种思考问题的角度：白色代表客观事实，红色代表主观感受，黄色代表正面、积极的观点，黑色代表风险和不利因素，绿色代表其他想法、创新观点，蓝色代表总结主题、提炼重点。运用"六顶思考帽"可以使伙伴小组内任务明确、分工清晰，将混乱的思考过程变得更集中，充分发挥伙伴小组集思广益的效用，使每个小组成员的创造力与思辨学习力得到提高。

三、无锡市育红小学："现代小先生制"的课堂学习

（一）学校及项目概况

无锡市育红小学（以下简称"育红小学"）由爱国实业家荣德生、荣宗敬创办于1904年。1926年10月，陶行知先生来到育红小学，写下《无锡小学之新生命》一文，盛赞学校为"无锡小学之新生命、中国教育之新希望"。2007年，育红小学开启集团化办学之路，形成"一校四区"的办学模式。学校秉承"智爱化新，为公益民"的办学理念，追

求"办一所有意思的学校,育一代有担当的新人"的教育使命,以国家课程为基础,将国家课程、地方课程和校本课程有机拓展与融合,初步打造了富有学校特质的"1+8"课程体系,以培养"会教、爱学、善评"的学习者为价值追求,尝试学习方式变革,初步形成了"现代小先生制"学习新样态。

2017年6月,学校"现代'小先生制'课堂教学转型实践"作为江苏省基础教育前瞻性教学改革一类重点实验项目正式立项。2018年,该项目名称根据专家意见调整为"现代'小先生制'·课堂学习实践新样态"。学校倡导"人人来做小先生,人人会做小先生,人人乐做小先生"的核心思想,以促进儿童主动发展、健康成长为目的,以儿童学习为中心系统建构"小先生制"的学习方式,以"小先生制"整体推进课堂教学的变革和重建,项目规划与实施体现"现代性"和"原创性"。学校精心选择十四名勤奋务实、有创新精神的教师作为实验班教师,开展现代"小先生制"项目实验。实验班范围涵盖全校九个学科、高中低三个学段、三十八个班级。

2018年11月,育红小学科研团队受邀出席第四届中国教育创新成果公益博览会,向来自全国的教育专家、教育同行展示了项目研究成果。现代"小先生制"重构了课堂公共生活,形成了课堂实施策略,建构了课堂学习新样态。2022年3月,学校组织编写了《现代小先生制:培育爱学会教能评的小主人》,这是对江苏省基础教育前瞻性改革项目"现代'小先生制'·课堂学习实践新样态"的研究成果的系统总结。

(二)现代"小先生"的成长方式与培育机制

现代"小先生"是课堂上"会教、爱学、能评"的学习小主人,学校倡导的现代"小先生制"是一种"以教促学,以评促学"的学习新样态。现代"小先生"的学习方式是一种"主动建构""广泛参与""深度思考""乐于分享""迁移实践"的学习方式,是一种体现了儿童特点、儿童喜欢并能够做到的学习方式。学校提出了现代"小先生"的人格特质:主动尝试,深入思考,乐于分享。

1. 成长方式

现代"小先生"的成长，会经历从"只会自己学习""只会被动学"到逐渐学会"主动探索、与他人分享、与他人一同学"的过程。他们的成长方式有以下四种。

第一，自主预约式。学生预约做好自己的"小先生"，实现自我批判与反思；预约做好大家的"小先生"，实现课堂交流与对话；预约做好教师的"小先生"，促进师生之间的教学相长。如何成为自主预约式"小先生"？那就需要学生培养自学能力，提高预约的质量；提高合作能力，提高预约的实效；突出智能优势，拓宽预约的广度。

第二，同伴互助式。学生合理搭配，进行同伴互补式互助；适时调控，进行同伴交换式互助；科学评价，进行同伴促进式互助。这体现了相互接纳、相互分享的学习理念。"小先生"同伴互助有利于提高不同层次学生的能力，有利于改善学生的人际关系，有利于增强学生的责任感。

第三，轮流当值式。通过轮值的方式让每一位学生都有当"小先生"的机会。轮流当值课堂的形式也分为三个层次：示范式轮值、解说轮值、互助轮值。轮流当值课堂的评价方式也有三种：一对一的同伴轮流当值评价，小组成员内部的轮流当值评价，小组之间的轮流当值评价。评价通过展示、解释、评判和反思四个环节来开展，有时要借助必要的评价工具。

第四，现场生成式。在教学和学习的现场临时生成"小先生"，每一个表现出色的学生都有可能在学习过程中成为"小先生"。"小先生"现场生成的途径有三种：在问题研究中生成"小先生"，在技能体验中生成"小先生"，在主题归纳中生成"小先生"。"小先生"现场生成需要教师提高对新课程知识观的认识，构建民主、开放的课堂环境，创设多样化的教学组织形式。

2. 培育机制

学校形成了自下而上的现代"小先生"培育模式：现代"小先生"活动机制为培育"小先生"创设平台；现代"小先生"管理制度为培育"小先生"提供动力支持；现代"小先生"规章制度为培育"小先

生"提供制度保障。以下将逐一介绍。

现代"小先生"活动机制共有五类。年级组依据整体性、统一性、可行性、针对性原则建立起以"征集—预约—共学—展示—延伸"为主线的可循环、可持续的"小先生"活动机制。"小先生"活动征集机制包括发起征集、筛选审核、方案制订、活动实践等流程规范。"小先生"预约机制主要分为自愿申报制、民主竞选制、伙伴推举制和轮流担当制等。"小先生"共学机制包括根据预期主题收集资料、梳理知识点内容联系、与他人研讨问题等阶段的规范要求。"小先生"展示机制包括由分享到共享的"小先生走班"、由个体到集体的"小先生论坛"、合作与竞争并存的"小先生擂台"、"百问百答:'一站到底'百科问答"活动、"主题辩论:'辩场争锋'辩论比赛"活动。延伸学习,即发动大家带着更深层次的问题思考应用和渴望继续探究的过程。"小先生"延伸机制包括时空延伸、经验延伸与技能延伸。

现代"小先生"的管理机制如下:(1)宣言书催生原动力。"小先生宣言"共包括五点:做敢为的"小先生",做善教的"小先生",做巧学的"小先生",做会疑的"小先生",做乐议的"小先生"。宣言的制定和宣誓让学生明晰了责任与担当。(2)上岗礼提升能动力。自主申请,人人皆为"小先生";快乐起航,施行"小先生"上岗礼;积淀评价,见证"小先生"成长。(3)成长章激发行动力。"小先生成长章"可分为三大类:学习章(橘色)、生活章(黄色)、特长章(紫色)。遵循公平、公正原则,鼓励全员参与,通过评比授章,培养学生乐观自信、勇于创新的品质,促进其全面发展。

现代"小先生"的规章制度如下:(1)确立"小先生"公约制度,以"人人来做小先生""人人会做小先生""人人乐做小先生"为核心思想。(2)健全"小先生"分组制度,做到明确分工、合作共赢、动态调整。(3)创新"小先生"指导制度,做到尊重认知差异、时时培养锻炼、合理安排学习空间、鼓励独立思考、培养审辨思维。(4)升格现代"小先生"评价制度,实现评价目标促发展、评价主体多元化、评价内容全面化、评价标准科学化。

（三）"现代小先生制"的课堂结构与组织形式

"现代小先生制"的课堂分为四个阶段：（1）应需分组。全面收集学生信息，科学合理分组（满足学习需求、缩小能力差异、达成学习风格互补）。（2）质疑驱动。在预习布置中诱发质疑，在教学设计中激发质疑，在对话交流中引发质疑。（3）互动分享。确定互动原则：设计结构化，参与全员化，方式自主化；选用学习工具：思维导图，学习任务单；活用学习方法：师生互动分享（常态式、激励式、多元式），生生互动分享（问答互动、汇报互动、讨论互动）。（4）评价反馈。评价内容分为学习内容评价、学习方法评价、学习结构评价；评价方式分为师生互评、生生互评。

"现代小先生制"的组织形式共有四种：（1）课前预热式。在搜集中发现有用素材，在体验中提炼已有经验，在联想中建构已有经验。（2）课中嵌入式。准确提出核心问题（紧扣重难点、师生共同讨论），精准设计学习单（包含自学、合作、交流、反馈等环节，体现开放性、探究性），积极组织分享评价（围绕学习单，提供评价工具，指导评价方法）。（3）课堂覆盖式。巩固知识点，让概念更清晰；运用学习策略，让学习更有方向；引导习惯养成，让成长更主动；重视价值观引领，让发展更自觉。（4）课后主题式。主题包括兴趣爱好主题（提供菜单、自主选择），文化学习主题（学生感兴趣、符合课程标准、丰富多样、链接有效），生活技能主题（团队活动、自我服务、公益劳动、社区服务与社会实践），人际交往主题（主题活动、舞台剧、微视频、辩论赛等）。

（四）"现代小先生制"的课堂样态

"现代小先生制"是一种"以教促学，以评促学"的学习新样态，利用学生的"教"促进学生的"学"，用学生的"评价"促进学生的"学"。"现代小先生制"课堂是以学习为中心的课堂，目标是让学生主动学、深入学、互动学、全面学。学校从研究现代"小先生"的学习角色出发，构建了"现代小先生制"课堂学习方法体系，提出了以下五种"现代小先生制"的课堂样态。

为了儿童生命的奔涌：
"小先生课程"实验报告

1. 经验型"小先生"举例子教与学

举例子教与学是指在遇到某一具体情境时，"小先生"借助已有的知识经验、学习经验，联想到与这一学习情境相似的情境或相似的经历，以举例子的直观的、形象的方式，完成已有知识的运用和迁移、新旧知识的联系，从而达到化难为易、化抽象为具体、化不熟悉为熟悉的学习效果。经验型"小先生"举例子教与学一般包含以下四个流程：一是学会选例，丰富"小先生"的学习感知；二是出示例子，贴切"小先生"的表达途径；三是组织讨论，优化"小先生"的学习头脑；四是总结评价，提升"小先生"的学习品质。

2. 探究型"小先生"说思路教与学

在学习过程中，学生是积极的探究者，尝试自己去思考，参与知识获得的过程。说思路教与学是一个将发现问题、表达思路、解决问题、反思相结合的学习过程，是一种深度学习的方式。探究型"小先生"说思路教与学大致包含以下四个层面的内容：一是说问题，就是引导"小先生"去主动寻找问题、积极发现问题、准确表达问题。二是说理解，就是引导"小先生"自主寻找头脑中已经存在的可能有助于问题解决的新知识，探索多种解决问题的思路。三是说思路，就是引导"小先生"联系新旧知识和问题情境，把自己解决问题的思路表述出来，把内在的思维具象化。说思路也包含说解题的步骤、变式的例证等。四是说反思，就是引导"小先生"表达自己对问题解决过程的认知、想法，旨在完善和优化思路、学习方式。

3. 思辨型"小先生"摆观点教与学

摆观点教与学是指学生能主动表达自己的思考、观点，能主动对他人的看法提出意见，能在矛盾情境中表达自己的思考。如何开展思辨型"小先生"摆观点教与学？一是创设真实的问题情境；二是明确学习的目标任务；三是留出思考的时间和空间；四是鼓励观点的自由表达；五是及时对同伴的对话交流进行反馈。

4. 互动型"小先生"操作演示教与学

操作演示教与学是以操作演示为外在形式，以学生共同开展自主、合作、探究学习为主要学习方式的一种课堂教学新样态。互动型"小先生"操作演示教与学可分为四种形态：单人导学，即会教会学的操作演示；双人互助，即互教互学的操作演示；小组合作，即会评会学的操作演示；全员参与，即会议会学的操作演示。

四、南京市力学小学：新时代"小先生制"赋能师生创造性成长

南京市力学小学始建于1947年，是一所由著名爱国"和平老人"邵力子、傅学文夫妇共同创办的学校，校名"力学"，由二老名字合璧而成，亦为校训，勉励学子"努力学，学会学，享受学，创造学"，实现"致力于学，学以成人"的育人目标。1988年，学校与南京师范大学实行联合办学，又被南京市政府命名为南京师范大学第二附属小学。这是一所成绩显著、特色鲜明的知名学校。

学校探索以陶行知先生提出的"小先生制"为依托，遵循以学生为学习主体、道德主体和自我管理主体的新型儿童观和学习观，践行新时代"小先生制"的实践新形态。学校通过"小先生开讲""小先生讲解团""小学生—小先生—大先生"的成长传递机制等，助推的学生主动性成长、实践性成长、差异性成长、协同性成长，打造了师生创造性成长的新样态。

（一）从小学生到"小先生"：让儿童成为学习的主人

为了使学生成长为小先生、成为学习的主人，学校采取了如下措施：一是尊重儿童的学习主体地位。学校成立了"小先生讲解团"，而学生的"入学礼""十岁成长礼""毕业礼"，校史、党史的宣传和讲解，对外的交流汇报活动，都由"小先生讲解团"负责。二是发展学生与知识互动的能力。学校开展"小先生开讲"活动，"小先生"要自己选择开讲的内容。三是激发学生自我提升的内在动力。学校为参与"小先生开讲"活动的每位"小先生"提供展示的舞台，激发了学生学习的内在动力。

(二)"小先生"与"大先生":打造师生共同成长的生态圈

学校设计了三个项目,推动建立师生平等和谐的共生关系,实现"大先生"和"小先生"相互滋养、共同成长。一是"'大先生'牵手'小先生'",设计教师和学生双向选择、"大先生"与"小先生"师徒牵手结对活动,形成"大先生—小先生—小学徒"的新形态师徒链。二是将"小先生制"融入学科教学全流程,建立"小先生开讲"融入教学机制和新的教学评价机制,使其有机嵌入学科教学全流程的各个环节,保证了活动的实效性和长效性。三是全学科"大先生"指导团项目,让"大先生"在全体学科中均参与"小先生制";在具体教学活动中,根据需要让更多教师参与教学设计和活动,打破学科界限,发挥学科综合育人的功能,实现"五育融合"。

(三)从"小先生"到接班人:在知识分享中培育公共精神

为了实现知识分享,培育"小先生"的公共精神,学校采取了如下措施:一是混龄交往,建立新型伙伴关系。学校设立了"红领巾辅导员",将其作为"小先生"服务团队,要求三至六年级的少先队员自愿报名,为一、二年级每个班级提供送教帮扶服务。二是朋辈示范,服务班级担负责任。各班招募"智慧教室小管家",实行竞争上岗、持证上岗机制,要求"智慧教室小管家"协助教师使用智能教学触控一体机,维护屏幕卫生和使用安全。三是儿童带动,宣传家校传播价值。学校开设"小米粒学党史""小先生讲校史"等专题小课程。每学期还开设线上小学生思政课、中队主题会的开放课堂,以及各学科教师的全网直播课,邀请家长和学生一起沉浸于课堂、在"云端"学习,实现家校共育。

06 "小先生课程"有什么学理依据?

所谓学理依据,就是学术理论的根据。教育理论是对教育实践的系统性建构和假设。对于复杂和抽象事物,从学术理论上假设并建构其运行模型,有助于人们更好地开展实践。那些得到验证的科学理论是实践的指南针。"小先生课程"有哪些学理依据呢?课题组查阅了众多有关教育的理论著作,认为主要有以下六个方面的学理依据。

一、主体性教育理论

主体性教育理论是我国改革开放四十多年来对教育界影响深远的教育理论之一。主体性教育理论源于马克思、恩格斯关于人的主体性理论。马克思认为,人的主体性是主体的内在规定性,以主体的目的和意识为前提。人类的发展史就是一部人的主体性地位不断提高、人的能动性作用不断增强、人的价值和潜能不断得到充分发挥的历史。主体性是指作为主体的人,在主客体相互关联的多重交互关系(比如实践关系、认识关系、价值关系、审美关系等)中所具有和表现出来的外显物质力和内隐精神力的总和。马克思、恩格斯的"人的解放"和"自由全面发展"理论就是关于人的主体性的理论。恩格斯把人的解放具体表述为实现"三个解放":经济解放、政治解放和精神解放;成为"三个主人":成为自然界的自觉的和真正的主人,成为自身的社会结合的主人,成为自身的主人——自由的人。

教育的本质就是培养人的主体性,这是一种主体性教育。主体性教育以培养人的主体性为价值追求,以人的主体性的具体存在形态及其生成机制为根据来全面、整体、科学地设计、组织和实施教育教学活动,并创造相应的环境和管理机制,由此促进人的主体性的全面、整体生成和发展。

为了儿童生命的奔涌：
"小先生课程"实验报告

教育主体性首先表现为各类教育主体（学生、教师、家长及其他利益相关主体）的主体性，也表现为教育过程的主体性和教育结果的主体性。主体性教育是一种弘扬生命意义的教育，是一种倡导民主平等的教育，是一种强调对话的教育，是一种保障全面发展的教育，是一种促进个性发展的教育，也是一种走向自由幸福的教育。因此，主体性教育的基本特征是：自主能动性、民主平等性、全面发展性、自由创造性。主体性教育就是要培养学生的自主性、主动性、社会性和创造性人格。主体性教育应当确立以人为本的教育理念，坚持价值引领、文化熏陶、自主实践，在生动活泼的生活实践中培养学生的主体性。

二、积极心理学理论

积极心理学的建立以米哈里·契克森米哈赖（Mihaly Csikszentmihalyi）于 2000 年 1 月发表论文《积极心理学导论》为标志。积极心理学既是心理学领域的一场革命，也是人类社会发展史的一个新里程碑，还是一门从积极角度研究传统心理学内容的新兴科学。传统心理学以心理病人为研究对象，注重心理疾病的治疗，因此被称为"消极心理学"，弗洛伊德是其代表人物。20 世纪 60 年代，人本主义心理学的兴起为积极心理学的产生奠定了基础。20 世纪末，西方心理学界兴起积极心理学的研究思潮，其代表人物有美国当代著名的心理学家马丁·塞利格曼（Martin Seligman）、肯·谢尔顿（Ken Sheldon）和劳拉·金（Laura King），他们认为积极心理学是致力研究普通人的活力与美德的科学。积极心理学主张研究人类积极的心理品质，充分挖掘人固有的、潜在的建设性力量，倡导心理学的积极取向，关注人类的健康幸福与和谐发展。

米哈里·契克森米哈赖提出了"心流"概念，"心流"就是一个人完全沉浸在某种活动当中，无视其他事物存在的一种喜悦状态。他认为要体验到"心流"就必须使所做的事及其过程具有目标性、挑战性、反馈性、沉浸性（控制性）、忘我性和创造性的特征。他发现所有的"心流"活动都有一个共同点：它带来一种新发现、一种创造感，把当事人带入新的现实。马丁·塞利格曼认为掌控行为是形成儿童乐观心态的大炼炉，真正的幸福来自建立并发挥自己的优势，而非花时间改正自己的弱点。也就是要把人放在正确的、合适的位置，能够让他们发挥自己的优势。他认为在帮助儿童学习解决问题前，应记住三项原则：不要为儿童解决任何问题；一旦儿童自己解决问题，你就不能对他的解决方式过分苛求；你自己要示范灵活的问题解决策略。积极心理学的众多研究发现，对我们了解什么是真正的儿童、儿童怎样才能幸福成长，以及如何促进儿童全面而又有个性的发展具有重要的意义和价值。

三、学习金字塔理论

学习金字塔理论是美国著名的学习专家埃德加·戴尔（Edgar Dale）于1946年首先发现并提出的一种关于现代学习方式的理论。该理论用实证数字形式显示采用不同的学习方式，学习者在两周以后还能记住的内容（平均学习保持率）各是多少："听讲"的学习效果最差，两周以后学习的内容只能留下5%；运用"阅读"方式学到的内容，两周后可以保留10%；采用"视听"的方式学习，保留的内容可以达到20%；采用"演示"的学习方式，可以记住30%；采用"讨论"的学习方式，可以记住50%；采用"实践"的学习方式，可以记住75%；采用"教别人"的学习方式，可以记住90%。（图6-1）

该理论认为，"听讲""阅读""视听""演示"是被动学习方式，而"讨论""实践""教别人"是主动学习方式。后面三种学习方式需要学习者积极主动参与运用才能真正实施，所以被认为是主动学习方式。但在实践中，我们不能将前四种学习方式都认定为被动学习方式，这些学习方式本身无所谓被动和主动，关键在于运用这些学习方式学习的人。如果学习者在学习时带着明确的目标和积极的态度去"听讲""阅读""视听""演示"，那么这些也是积极主动的学习方式。如果学习者在学习时，并不想真正参与"讨论""实践""教别人"，而是出于无奈和逼迫，那么这三种学习方式也是被动学习方式，当然，这种情况比较少见。学习金字塔理论表明，"教别人"是学习效率最高的学习方式，这是"小先生课程"最有力的支撑理论。

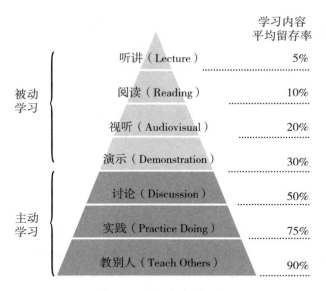

图 6-1　学习金字塔理论

四、建构主义学习理论

建构主义理论是认知心理学派的一个分支，在其指导下形成的认识学习理论就是建构主义学习理论。建构主义理论中的一个重要概念是"图式"，图式是指个体对世界的知觉理解和思考方式，也可以把它看作心理活动的框架或组织结构。认知发展受三个过程的影响：同化、顺应和平衡。建构主义理论的主要代表人物有让·皮亚杰（Jean Piaget）、奥托·科尔伯格（Otto Kernberg）、罗伯特·斯滕伯格（Robert Sternberg）、丹尼尔·卡茨（Daniel Katz）、列夫·维果斯基（Lev Vygotsky）。"小先生课程"的核心要义就是儿童在真实的情境中，通过自主建构、实施小课程，进行合作交流、意义建构，实现成长。

皮亚杰的儿童认知发展阶段理论、维果斯基的"最近发展区"发展理论和杰罗姆·布鲁纳（Jerome Bruner）的认知结构理论都是建构主义思想发展的重要基础。建构主义认为学习就是在一定的情境，即社会文化背景下，借助其他人的帮助（人际间的协作交流活动）而实现的意义建构过程。其中，"情境""协作""交流""意义建构"是建构主义学习理论的四大要素。建构主义学习理论强调学习是学习者主动建构内部心理表征的过程。学习的建构包含两方面的内容：对新信息意义的建构与对原有经验的改造和重组；学习者以自己的方式建构对事物的理解。

建构主义比较科学地阐述了人类学习过程的规律。建构主义学习理论的主要观点体现在以下三个方面：一是建构主义的知识观。建构主义认为知识不是对现实的准确表征，它只不过是人们对客观世界的一种解释、假设或假说，它不是问题的最终答案，它必将随着人类的进步而不断地变革、升华和改写；知识也并不能绝对准确无误地概括世界的法则，也不能提供对任何活动或问题解决都实用的方法。二是建构主义的学习观。建构主义认为人的认识本质是主体的"构造"过程，所有的知识都是主体自己认识活动的结果，主体通过自己的经验来建构对事物的理解。学习不是教师把知识简单地传递给学生，而是学生自己建构知识的过程。学生不是简单、被动地接收信息，而是主动地建构知识的意义，这种建构是无法由他人来代替的。三是建构主义的教学观。建构主义认为教学不能无视学生的经验，从外部导入新知识，而是要把学生现有的知识经验作为新知识的生长点，引导学生从原有的知识经验中"生长"出新的知识经验。教师不是简单的知识的呈现者和传递者，而是学生主动建构意义的促进者、合作者和帮助者，是整个教学过程的组织者、指导者和协调者。

五、多元智能理论

多元智能理论也称"多元智力理论"，该理论由霍华德·加德纳（Howard Gardner）在20世纪70—80年代研究并提出。1983年，他的《智能的结构》一书正式出版。何为人的智能呢？在早期的心理学研究中，主要有能力观、认知观（皮亚杰）、信息处理观、符号系统观等观点，这些观点都只是阐述了人类智能一个方面的规律。霍华德·加德纳认为，人类的一种智能，必定伴随着一组解决问题的能力，使人能够解决自己所遇到的实际问题或困难；如果需要的话，还能使人创造出有效的产品；必定还能调动人的潜能以发现或提出问题，从而为掌握新的知识打下基础。因此，智能产生有三个条件：能解决问题，能创造产品，能提出新问题。

加德纳指出，人类神经系统经过一百多万年的演变，已经形成了多种独立的智力（智能），人的智能有七种类型：语言智能、音乐智能、逻辑—数学智能、空间智能、身体—动觉智能、自我认知智能和人际智能。二十年后，他认为可能存在情绪智能、精神信仰智能和性智能。在这七种智能中，与实物相关的智能是空间智能、逻辑—数学智能、身体—动觉智能；与实物无关的智能是语言智能和音乐智能；与人自身有关的智能是自我认知智能和人际智能。以上这些人类的智能类型既独立存在又相互依存，共同为人的生存发展做出巨大贡献，支撑起人类文明的繁荣发展。

基于多元智能理论，加德纳提出了一种新的教育观——"以个人为中心的教育"。每个学生都具备全部类型的智能，但所擅长的智能类型存在较大差异。因此，教育需要以学生的智能水平为基础，并注重培养学生的特长。教师需要从多种智能视角出发开展教学活动，帮助学生利用各自擅长的智能理解所学内容，尤其是要重视直觉学习和具身认知。多元智能理论对教育具有启迪意义。从时代精神来看，它契合了重视差异与多元的后现代精神；从人的心理发展来看，它为促进人的发展找到了正确的立足点，通过强调身体—动觉智能开启了人的自主性。

六、后现代主义课程理论

20世纪40—50年代，"现代课程理论之父"拉尔夫·泰勒（Ralph Tyler）确定了课程编制的四个阶段：确定教育目标、选择学习经验、组织学习经验、评价教学结果，即"泰勒原理"。其理论具有唯科学倾向，高度强调课程的统一性，限制了课程理论的开放与包容。后现代主义哲学的兴起为后现代主义课程理论提供了哲学基础，后现代主义强调复杂性、开放性、多元性和创造性。后现代主义课程理论是对现代课程理论的反思与批判，它反对整体性、同一性，强调不确定性、内在性；

反对静止、封闭的知识观，强调知识的多元、开放及人的主体差异性。后现代主义课程理论的代表人物是美国课程论专家小威廉·E. 多尔（William E. Doll Jr.），他认为课程目标是丰富多彩、不断变化的，课程内容要有更多的可能性和多重阐述，要具有开放性，教学过程应注重参与、对话、反思和提升。他提出了后现代主义课程设计的"4R"标准，即丰富性（Richness）、回归性（Recursion）、关联性（Relation）和严密性（Rigor）。

后现代主义课程理论认为，知识是不确定性的、情境性的和价值介入的，课程是生态开放的系统，课程目标是非线性的，重视过程和目标的不断重构。后现代主义课程理论的杰出代表克莱奥·车里霍尔姆斯（Cleo Cherryholmes）认为，课程研究和实践是一个不断"建构—解构—建构—解构"的过程，课程是社会生活的组成部分，没有普遍的真理，需要随着时代和社会发展而不断调整和变化。后现代主义课程理论对我们今天的课程改革具有以下借鉴意义：构建开放性课程，教师应在适合学生主动构建的自我生成中让他们积极地掌握、领悟知识；优化教学过程，倡导建构性学习、探究性学习，强调学生主动参与、探究发现、交流合作的学习方式；转变评价观念，注重过程性评价、发展性评价和增值性评价；构建民主、平等、对话的新型师生关系。

为了儿童生命的奔涌：
"小先生课程"实验报告

07　"小先生课程"有什么价值追求？

为什么要创设"小先生课程"？在课程创想之初、课程尝试初期、课程不断丰富之际，我们不断地追问这个问题。追问随着"小先生课程"实践探索不断深入，追问的过程也是我们对该课程进行价值判断、价值论证、价值选择的过程。我们认为，唯有儿童的生命成长是我们教育工作的出发点和归宿点。为了儿童生命的奔涌，当是这一课程建设的行动哲学，也是其总体价值之所在。儿童的生命是丰富完整的，是不断发展的，是充满无限潜能的，也是人类未来的希望。

一、培育完整幸福的儿童

马克思认为，人的全面发展就是"人以一种全面的方式，也就是说，作为一个完整的人，占有自己的全面的本质"[①]。人的全面发展应包含四个层面的内涵：完整发展、和谐发展、多方面发展、自由发展。因此，培育完整幸福的儿童，是我们"小先生课程"的根本追求。为此，我们需要正确理解"完整""幸福"的含义。

儿童是正在成长中的人。"完整"的含义包含以下三个方面：一是儿童生命的生物性和社会性的统一。儿童首先是自然界的产物，是通过遗传自父母的基因而成长起来的，他们的生物性本能是其发展的基础；同时，儿童也是社会性生物，他们是在特定的社会文化环境中成长的，或者说他们正在大踏步地向社会人转变。二是发展的连续性和阶段性的统一。儿童生命的成长是连续的，他们自从来到这个世界睁开双眼时，就无时无刻不在与环境互动着，他们的身体、精神的发展是永不中断

---

① 马克思，恩格斯．马克思恩格斯全集：第 42 卷 [M]．北京：人民出版社，1979：123．

的。同时，儿童生命的发展是有阶段性的，不同的发展阶段呈现出不同的发展特点，他们的生理和心理发展存在着"敏感期"或"关键期"，我们需要关注儿童发展的"关键期"。三是生命行动的情、知、意、行的统一。儿童生命与世界的"相遇"，依靠的是他们的感觉器官和他们的探索行动。除了无意识的生物性运行，儿童的探索行动是情感、认知、意志、行动统一的过程，情感是驱动，认知是基础，意志是保障，行动是关键，我们不能将它们硬生生地拆解。四是自然生命、精神生命与理想生命的统一。儿童生命的发展为人类群体共同理想所指引，所以真正意义上的儿童生命是自然生命、精神生命和理想生命的统一。从人的三重生命来看，完整的人是身体与精神合一的人，是情、意、知融生的人，也是全面发展的人。

"幸福"的含义包含以下三个方面：一是自主。儿童生命是正在发展的生命，其幸福的第一层含义就是儿童必须是自主的，他们有自主的意识，能意识到自己和其他人是不同的。二是自控。成长到一定阶段的儿童能够基本控制自己的行为、情绪，能够正确处理与世界、与他人的关系，在学习过程中，他们必须有自主选择和自行行动的权利。三是自由。发展到一定阶段的儿童能够不断地获得"自由"，也就是说，他们能够按照自己的意愿行动，能够不断改变错误的认知、摆脱他人的束缚，能够不断地走向理性，能够根据变化做出正确的判断和行动，能够在行动之后进行反思。总之，"自由"就是人的生命价值和尊严得到尊重，这是人全面发展的最高境界。

培育完整幸福的儿童，意味着儿童生命的完整发展、和谐发展和自由发展，意味着我们必须将儿童真正作为"完整的人"，意味着我们必须树立"幸福完整"的教育观念，意味着我们为儿童提供的课程必须是全面完整的，是能够让儿童整体生命的各个方面都能够得到充分发展的，意味着我们的课程实施是激发儿童生命潜能的过程。

二、培养儿童的独立人格

如果说"培育完整幸福的儿童"是"小先生课程"的根本性价值

追求,那么对儿童生命而言,有一个关键要素对他们的成长至关重要,那就是人格的发育。什么是人格?"人格"一词来自拉丁文"Persona",原来主要指面具,就是许多心理学家认为的"人格是人的一种惯常行为"。我们认为,人格是人对世界的基本态度和行为方式的外在特征表现,也就是说,人格是人与世界相遇的方式。在外在表现之下,还有其内部的机制,与人的认知、情感、气质、性格密切相关。人在与环境的互动中逐渐形成独特的人格特征,其形成既受遗传影响,也受环境影响。心理学家B. R. 赫根汉(B. R. Hergenhahn)认为,决定一个人的人格因素有遗传、学习、文化社会环境、自我意识、特质和潜意识机制。人格的构成一般有三个层次:表层是行为模式,中间层是情感方式和意志品质,下层是认知态度。当然,人格是多层次、多侧面、动态的结构体系。人格可以分为理想人格、健康人格和缺陷人格三种类型。整体性、稳定性、独特性和社会性是人格的基本特征。

心理学家阿尔弗雷德·阿德勒(Alfred Adler)认为,儿童的发展既不是由天赋决定的,也不是由客观环境决定的;儿童对现实的看法和他们与现实的关系才是儿童发展的决定因素。独立人格是指人在适应生存环境的过程中形成的不依赖于他人的、独特的对环境的看法和与环境互动的方式。儿童在成长过程中,如果不能形成独立人格,那么就有可能形成有缺陷的人格,这将影响其健康成长。独立人格的形成标准是一个人对环境世界形成了自己的正确认识;对环境有很强的适应性;能认识和控制好自己的情绪;形成了比较强烈的自我意识。独立人格的形成是一个人开始成熟的标志。教育的根本任务就是培养学生的独立人格;没有独立人格,学生将不能很好地生存和发展。

将"培养儿童的独立人格"作为价值追求,意味着我们必须做到以下几点:(1)放弃"权威的角色",摒弃"课堂控制",选择相信儿童、信任儿童,给予儿童生命成长的自由,让儿童的生命既洋溢着生命的野性精神,又彰显着人格的理性精神。(2)建设儿童成长的友好环境。环境给予儿童的态度,就是未来儿童对环境的态度。环境首先是安全的,不仅指儿童人身安全,也指儿童心理安全;环境还必须是和谐的、人与人的关系必须是平等的、沟通良好的。(3) 培育儿童积极的生活态度。我们需要通过课程融合人格教育,优化儿童对世界的认知,培养儿童积极的生活态度。(4) 培养儿童自强的精神品质。理想人格和健康人格形成的原动力是儿童自强的精神品质。我们应当致力将儿童培养成自立、自信、自尊、自强和幸福的进取者。

三、提升儿童的核心素养

儿童生命的成长如一条河流从涓涓细流发展为奔涌的大河,其生命的完整幸福和独立人格保障了这条生命之河的正确方向,儿童在成长过程中不断发展的能力让这条生命之河不断壮大、奔涌不息。这些能力也就是儿童发展核心素养的组成部分。

什么是素养?与之相近的还有"素质",那什么是素质?一般意义上,素质多指人先天具有的某些生理、心理的特质;素养指人后天形成的知识、能力和态度的综合体。21世纪伊始,众多西方发达国家和国际组织纷纷提出了各自的核心素养框架。欧盟终身学习核心素养的共同框架提出了批判性思维、创造性、首创性、问题解决、风险评估、决策、建设性情绪管理七个跨学科素养;美国21世纪技能联盟提出的21世纪学生学习结果及其支持系统,主张学生应该具备成功适应新型世界经济的四个"C",即创造性(Creativity)、批判性思维(Critical Thinking)、沟通交流(Communication)和团队协作(Collaboration)。

中国学生发展核心素养,主要指学生应具备的、能够适应终身发展和社会发展需要的必备品格和关键能力。2016年9月,《中国学生发展核心素养》研究成果发布。核心素养以培养"全面发展的人"为核心,分为文化基础、自主发展、社会参与三个方面,综合表现为人文底蕴、科学精神、学会学习、健康生活、责任担当、实践创新六大素养,具体细化为国家认同等十八个基本要点。具体内容见图7-1。

"小先生课程"虽然只是校本课程的一个部分,但是它同样承担了培养和提高儿童核心素养的责任。由于核心素养具有情境性、综合性和体验性特征,我们在培养儿童核心素养时,不能仅仅通过传授知识和训

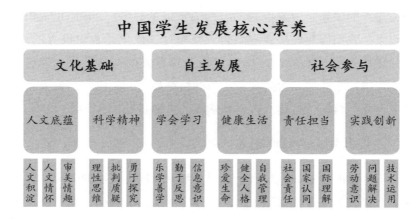

图 7-1　中国学生发展核心素养

练能力来达到促进儿童生命成长的目的，而需要通过整合课程的创设和实施来实现目标。在"小先生课程"的创设和实施过程中，儿童是核心，学习是中心。在基于问题情境的"小先生课程"项目的实施过程中，儿童的文化基础得以厚植，自主发展的能力得以生长，社会参与的态度得以形成。因此，提升儿童核心素养是"小先生课程"重要的价值追求。

四、提升学校的课程品质

"小先生课程"是学校"课后服务"课程的一部分，本质上属于校本课程。"课后服务"课程的价值定位如下：对高质量实施国家课程进行合理、适当的补充，目的是培养学生的综合素质，促进学生全面而又个性地发展；进一步变革学习方式，促进学生的自主、合作、探究性学习；帮助学生过丰富多彩的生活，提升他们自主开发课程的能力，培养他们的创新精神和合作能力；培养学生的时间观念，引导他们自主规划和安排时间，提高时间使用效率，学会做时间的主人。根据当初的价值判断，我们确定了"课后服务"课程的建设理念和原则：课程不是课堂教学的简单延伸，更不是变相的课堂教学，而是让儿童过更加丰富多彩的生活；课程不是占满学生所有的课后时光，而是让学生拥有更多的自主安排和自由活动的时间；课程不仅是对学生的看管与照料，还是对学生自主学习的引导。

随着"小先生课程"探索不断深入，我们发现这些"自嗨课程"很受学生欢迎，学生在其中的表现令我们惊叹。我们发现创生实施"小先生课程"还可以提升学校的课程品质。在以往的认知中，学校课程体系由国家课程、地方课程和校本课程组成，国家课程占主体，地方课程和校本课程是补充。这三类课程常常划地为界，井水不犯河水、相互隔绝，说到国家课程就是指那些学科课程和少量的综合实践活动，说到校本课程就是学校自主开发实施的各类课程。在校本课程的开发上，学校教师奉行"教学逻辑"，课程专家坚持"理论逻辑"，这些造成了学校课程体系的僵化和低效。

"小先生课程"的实施让我们改变了对校本课程的认知，我们认为校本课程建设必须突破校本课程是国家课程的补充、国家课程和校本课程是相互分开的等传统认知。学校所有的课程最终都体现为校本课程，包含校本化创造性实施的国家课程、地方课程，还有个性化自创课程。也就是说，国家课程和地方课程，从进入一所学校开始，就必须变成创造性改造、校本化实施的动态灵活的校本课程。"小先生课程"的目标、内容、实施和评价，绝不仅仅是对国家课程的补充，其中有不少内容是对国家课程和地方课程内容的融合创生。因此，我们认为在新时代，要提升学校课程品质，必须确立融合课程的观念，需要从结构化的认识视野对现有课程进行重组：可以是学科课程的内容重组，可以是学科课程间的整合，也可以是跨学科课程的开发。唯有如此，才能让学校校本课程的规划，由学生的边缘化转向以学生为中心；让校本课程的组织开发，从学生观望转向学生深度参与；让校本课程的教学实践，由学生跟从转向学生主动探索；让校本课程评价，由无学生参与转向以学生为主体。

第四章

关系辨明

08 学生怎样才能成为"小先生"？

当我们谈到做"好（小）先生"时，很多人可能会产生疑虑，认为这是很困难甚至是不可能完成的事情。但实际上，只要我们相信学生、理解学生、解放学生、挑战学生，每一个学生都可以做"小先生"。

一、什么样的学生才算是"好学生"？

马克思关于人的全面发展学说早就告诉我们，人的全面发展是与人的片面发展相对而言的，全面发展的人是精神和身体、个体性和社会性都得到普遍、充分而自由的发展的人。全面发展的人，在精神方面，具备丰富的知识、高尚的道德情操、正确的价值观和审美能力等，具有独立思考、创新思维和批判精神；在身体方面，拥有健康的体魄、良好的体能和协调的动手能力，能够适应各种劳动和生活的需要；在个体性方面，能充分发挥自己独特的个性和潜能，实现自我价值，不再受到外在的干扰和束缚，能够按照自己的兴趣、爱好和天赋来发展自身；在社会性方面，能够积极参与社会生活，与他人建立良好的社会关系，具备社会责任感和合作精神，为社会的进步和发展做出贡献，并且能够适应和推动社会的变革和发展，实现个人与社会的协调统一。马克思为我们描绘了人类社会发展的理想目标，对于推动社会进步、促进人的自由和幸福具有重要的指导意义。

在苏联帕夫雷什中学，瓦西里·苏霍姆林斯基（Vasyl Sukhomlynsky）通过20多年的观察发现，许多学校在教育过程中存在的缺点之一，就是教师在几年的教学过程中没有发现每一个学生独特的能力、潜在的力量和才干，而这些东西正不仅是他们后来能够取得成就的重要前提条件，也是他们能够创造性地进行劳动的基础。他提醒我们，每个学生都

为了儿童生命的奔涌：
"小先生课程"实验报告

有他自己在某一方面的积极性，都有某种特殊的禀赋、某些自然的素质和某方面的倾向性。我们应该鼓励学生挖掘自身的潜能，给他们创造条件，让他们的才能得到最充分的施展。因此，这些"最美好的东西"需要我们去发现，需要我们去"发展它"，让这些学生成为拥有这些"美好的东西"的"好学生"。

美国哈佛大学心理学家霍华德·加德纳教授在1983年出版的《智能的结构》一书中提出多元智能理论，主张智能并非传统观念中的单一、可量化的能力，而是一种在特定社会或文化环境下，个体用以解决真实难题或创造有效产品所需的能力组合。根据加德纳的多元智能理论，每个人都至少具备语言智能、逻辑—数学智能、音乐智能、空间智能、身体—动觉智力、人际智能、自我认知智能。这七种智能代表了每个人不同的潜能，而这些潜能只有在适当的情境中才能得以充分发挥。

多元智能理论强调智能的多样性和个体差异性，认为不存在单一的智能类型和达到目标的唯一方法，每个人都会用自己的方式来发掘各自的大脑资源，这种为达到目的所发挥的个人才智才是真正的智能，造就了人与人之间的不同。

著名教育专家成尚荣先生多次提醒我们，教育的立场一定是"儿童立场"，一定是"为了儿童，发展儿童，成就儿童"的。众多的教育家告诉我们，儿童是天生的学习者，他们生来就渴望了解和探索周围的世界，他们不仅仅是受教育者，更多的时候是教育者。

陶行知先生早在1923年的"平民教育运动"中就发现"小孩能做小先生"，于1934年形成了"小孩子能做小先生""即知即传人"的"小先生制"。陶行知的"小先生制"是一种创新的教育方法，旨在解决教育资源不足的问题，并充分发挥学生的主体性和创造力。根据这一制度，任何有学习经验和知识的学生，只要他们愿意并且能够将学习经验和知识传授给其他人，都可以成为"小先生"。

首先，对于已经掌握了一定知识和技能的学生来说，他们具备了成为"小先生"的基本条件。这些学生可以是在学校中表现优秀、学习成绩优异的学生，也可以是在某个领域或特定技能上有专长或特别爱好的学生。他们可以通过分享自己的学习经验和方法,帮助其他同学理解和掌握新知识。这就需要我们的学校根据学生的年龄特点和个性特长,在不折不扣地落实国家课程的过程中,不断开发和丰富校本课程。

其次,陶行知的"小先生制"也鼓励那些具有创造性和领导才能的学生成为"小先生"。这些学生可能并不一定是学习成绩最好的,但他们具有很强的组织能力和沟通能力,能够引导和组织其他同学进行学习。他们可以通过创办学习小组、开展课外活动等方式,发挥自己的领导才能,帮助其他同学共同进步。

此外,陶行知还强调"小先生制"必须是教学相长的,即在做上教,做上学,实现"教学做合一"。这意味着,即使学生的知识水平有限,但只要他们愿意积极学习并分享自己所学的知识,同样可以成为"小先生"。通过教授他人,他们可以进一步巩固和深化自己的理解,实现个人的成长和进步。

二、学生怎样才能成为"小先生"?

我们只要相信学生、理解学生、解放学生、挑战学生,每个学生都可以成为"小先生"。

(一) 相信学生

作为教育的主体,学校和教师要相信每一个学生都可以成为"小先生",成为最好的自己。我们要对学生充满信任,相信学生有潜力、有能力,相信他们能够在学校的引导下自主成长。这种信任,自然会激发学生的自信心和积极性,使他们更加愿意投入学习。同时,相信学生也意味着我们要尊重他们的个性和差异,允许他们在不同的领域和方面有所发展,形成专长,而不是一味地追求所谓的"全能"。

学生们往往比我们想象的更具潜力和智慧。他们有着强烈的好奇心和学习欲望,只要获得适当的引导和机会,就能迸发出惊人的能量。许多时候,是成人的固有观念影响了我们对他们能力的信任。实际上,在过往的教育实践中,不乏学生在被充分信任的情况下展现出超乎寻常的领导力和组织能力的例子,他们成功地扮演了"小先生"的角色,并且在这个过程中实现了自我成长和超越。例如，在一次数学小组学习中，教师相信平时成绩中等的小明有能力带领小组解决难题。小明起初也很忐忑，但在教师的信任下，他认真组织小组讨论，查阅资料，最终成功找到了答案。这让小明建立了自信，他在此后的合作学习中都能积极发挥领导作用，就像一位出色的"小先生"。

（二）理解学生

每个学生都是独一无二的，他们有着不同的成长背景、兴趣爱好和学习风格。因此，教育者需要深入了解每个学生的特点，以便更好地指导他们。我们需要关注学生的心理需求，了解他们的困难和挑战，并提供适当的帮助和支持。只有这样，我们才能真正做到因材施教，让每个学生都能以最适合自己的方式茁壮成长。我们要深知做"好学生"的道路充满艰辛，他们面临着学业压力、社交困扰及自我认同的迷茫。但正是这些经历塑造了他们的韧性和适应能力。

当我们尝试理解学生的内心世界时，就会发现他们渴望被认可，渴望有机会展现自己的价值。"小先生"的模式为他们提供了这样一个平台，让他们能够将所学知识传授给他人，并在这个过程中巩固自己的理解，同时感受到帮助他人带来的成就感。例如，小红一直是一个内向的学生，在做"好学生"的路上，她努力学习但总是对自己的表现不太满意。教师理解她的内心压力，鼓励她在小组活动中担任"小先生"，负责为同学讲解一道她擅长的题目。教师知道小红需要更多的鼓励和小范围的展示机会，果然，小红在这次讲解中逐渐放开了自己，获得了同学们的掌声和认可，也变得更加自信和开朗了。

（三）解放学生

传统的教育方式往往强调教师的权威和控制，但这并不利于学生的成长和发展。现代教育理念强调学生的自主性和参与性，教育者需要学会放手，让学生有更多的自由和空间去探索、去实践。这并不意味着对学生放任自流，而是在保证安全和规范的前提下，给予学生更多的选择权和决策权。通过这样的方式，我们可以培养学生的自主性和创新精神，让他们在未来的生活和工作中更加自信和独立。

传统的教育模式可能在一定程度上束缚了学生的天性和创造力。我们应该打破这种束缚，让学生从死记硬背和机械学习中解脱出来。例如，我们减少过多的标准化考试和严格的行为规范，鼓励学生自主思考、自由表达。当学生不再被条条框框束缚时，他们便能够更充分地发挥自己的个性和特长，以独特的方式做好"小先生"，用自己的方法引导和帮助同学。

（四）挑战学生

挑战能够激发学生的学习兴趣和动力，让他们更加积极地投入学习。教育者需要为学生设定合适的目标和任务，让他们在不断挑战自己的过程中成长。同时，我们也需要鼓励学生勇敢地面对困难和失败，从中吸取经验和教训，不断提升自己的能力和素质。我们不要因为担心学生做不好便不敢让他们迎接挑战，而是要相信适度的挑战能够激发学生的斗志和潜能。例如，让学生负责组织一场小组讨论，或者承担一个小型的研究项目并向全班汇报。在面对这些挑战时，学生可能会感到紧张和不安，但正是这种压力促使他们努力准备、积极应对，从而提升自己的综合能力。通过一次次成功应对挑战，他们会逐渐积累经验和信心，做"好小先生"也就不再遥不可及。学校可以组织一场科技发明比赛，要求每个班级派出代表参赛。教师可以选择学习成绩较好但缺乏实践经验的学生来参加，这对他们来说是个巨大的挑战。可能会有学生起初很犹豫，但在教师的鼓励下决定接受挑战时，他们就在向着做"好小先生"的目标靠近了。这样的经历会让学生明白，只要勇于挑战，自己可以做得很好，之后也可以在学习中帮助同学解决难题，成为大家眼中的"小先生"。

虽然做"好学生"不容易，但只要我们秉持相信学生、理解学生、解放学生、挑战学生的理念，为他们创造适宜的环境和条件，他们完全有可能成为出色的"好小先生"，实现个人和集体的共同进步。

当然，每个学生都有潜力成为"小先生"，但这并不意味着每个学生都必须或者应该直接担任这一角色。陶行知提出的"小先生制"，强调的是学生之间的互助学习和知识共享，鼓励学生在掌握一定知识后，

为了儿童生命的奔涌：
"小先生课程"实验报告

将其传授给其他同学。在实际操作中，每个学生根据自身的知识水平、学习经验、性格特点和兴趣爱好，可能在不同阶段和领域展现出不同的"小先生"特质。有些学生可能在数学方面表现特别出色，能够指导其他同学解决数学问题；有些学生可能在语言表达上更有天赋，能够成为语文或阅读方面的"小先生"。此外，成为"小先生"也需要一定的责任感、耐心和沟通技巧。学生需要花时间和精力去帮助其他同学，并且能够清晰、有效地传达自己的知识和理解。这些品质和能力并非每个学生都天生具备，但可以通过学习和实践逐渐培养。

因此，虽然每个学生都有成为"小先生"的潜力，但具体是否让他们扮演这一角色，还需要考虑他们的实际能力和意愿，以及具体的教学环境和需求。在教育实践中，教师应根据学生的个体差异和兴趣特长，灵活应用"小先生制"，为每个学生提供展现自我、发展能力的机会。

09 哪些学生可以做"小先生"?

"小先生"首先是"先生"。什么是"先生"?在教育的语境中,"先生"通常是对教育者或有学识的人的一种尊称。一是对教师的尊称,这是一种比较传统且广泛使用的称呼,表示对教育工作者的尊重。二是对有学问、有德行的人的尊称。同时,在一些学术或文化领域,也会用"先生"来表示对他人的敬意。

在中国传统教育文化语境里,最为典型的就是《论语·述而》中孔子的一句话:"三人行,必有我师焉;择其善者而从之,其不善者而改之。"意思是说,别人的言行举止,必定有值得自己学习的地方。选择别人的优点学习,看到别人的缺点就反省自己有没有同样的缺点,如果有,就加以改正。由此可见,每个人都有好的一面,而这好的一面就是值得别人学习的,他也由此可以在这一方面成为别人的"先生"。

作为独立的生命个体,每个儿童的身上自然也会存在着诸多好的一面,因为有了好的一面,每个儿童都可以成为他人眼中的"师",即"小先生"。作为现代教育的重要理论,主体教育理论认为,学生是能动地参与教育活动的个人,他们虽然处于发展之中,但与成人一样,是可以能动地作用于客体的主体。自主性、自觉性和创造性是学生主体的根本特征,具有自主性、自觉性和创造性的学生自然可以成为"小先生"。

因此,我们认为,"小先生"通常是指在学习过程中能够发挥积极作用,帮助其他同学学习的学生。

一、自主学习能力较强的学生可以成为"小先生"

这类学生具有自发的学习动力,能够积极主动地获取知识,特别是善于制订学习计划,对学习进程进行自我监督和评估,并能够适时调整

为了儿童生命的奔涌：
"小先生课程"实验报告

学习方式。他们对知识有强烈的好奇心和探索欲，愿意深入研究，并能够将所学知识清晰地表达和传授给他人。

这类学生知识储备丰富，且在相关领域有较强的学习力。特别是，他们在某一学习领域的知识面往往比其他学生更为广泛，对相关知识有着较为深入且独到的理解。这使得他们具有了信息阐释、经验分享的能力，能够为其他同学提供全面且准确的信息及其分析。这类学生具有正确的学习方式，并且较为熟练地掌握了某种有效的学习方法，这些学习方法不仅具有个性化的特征，还易于被其他学生接受。他们可以将这些学习方法传授给其他同学，帮助同学们提高学习效率和质量。同时，这类学生的自我管理能力强，特别是能够根据学习情况进行自我调节。在自主学习中，他们能够随时对学习时间、学习任务、学习目标等进行调整。这些学生能够以身作则，能够为其他同学树立良好的榜样，引导其他学生养成良好的学习习惯。自主学习能力强的学生还具有较强的学习主动性和积极性，他们愿意主动帮助其他同学解决问题，分享自己的学习经验和心得。在面对不同的学习任务和问题时，他们能够迅速调整自己的学习策略，这种适应能力也可以帮助他们更好地指导其他同学应对各种学习挑战。

小王是一个自主学习能力很强的学生。他在学习时，不仅能够熟练掌握课本知识，还会通过阅读课外书籍、观看纪录片等方式拓宽自己的知识面。当其他同学对某个知识点有疑问时，小王能够运用自己丰富的知识储备进行详细讲解。同时，小王还会分享自己的学习方法，比如如何制作思维导图、如何采用有效的记忆方式等，帮助同学们提高学习效率。在学习过程中，小王能够合理安排自己的时间，按时完成学习任务，这种良好的自我管理能力也对其他同学产生了积极的影响。由于小王的这些优点，他成为同学们眼中的"小先生"，受到大家的尊重和信任。

小明是一个自主学习能力很强的学生。他不仅能够高效地完成自己的学习任务，还善于总结学习方法和经验。在课堂上，他能够积极思考、主动回答问题，并且能够清晰地表达自己的观点。在课后，他会主动帮助学习有困难的同学，耐心地为他们讲解知识点，解答问题。他会根据同学的学习情况为其制订个性化的学习计划，帮助他们提高学习成绩。通过帮助其他同学，小明不仅巩固了自己所学的知识，还提高了自己的沟通和表达能力。

二、具有良好沟通能力的学生可以成为"小先生"

这类学生具有良好的学习习惯，能够用清晰、准确、生动的语言表达自己的想法和观点，倾听他人的意见和问题，并能够给予恰当的回应和指导。良好的沟通能力有助于他们在传授知识时与同学进行有效的互动和交流。

这类学生的首要特征就是能够清晰地进行表达，这是成为"小先生"的基础性条件。良好的沟通能力使他们可以将复杂的知识和概念用简单易懂的语言表达出来，让其他同学更容易理解和接受。在表达过程中，这类学生还善于倾听来自他人的建议和想法，特别是能够懂得倾听他人的问题和困惑，提取关键性信息，真正理解对方的需求，从而提供更有针对性的帮助和指导。在小组学习或合作项目中，良好的沟通能力有助于协调团队成员之间的关系，提高团队的协作效率，共同完成学习任务。具有良好沟通能力的学生，还具有良好的社会交往能力，能够与同学们建立起良好的人际关系，使同学们更愿意向他们请教问题，接受他们的指导和帮助。他们能够根据学习场景，积极地与其他同学互动和对话，通过提问、讨论、协商等方式，激发同学们的学习兴趣和主动性，进而营造良好的学习氛围。

小张是一名具有良好沟通能力的学生。在数学学习中，当其他同学对某个难题感到困惑时，小张会耐心地倾听他们的问题，然后用清晰的语言解释解题思路。他会通过提问的方式引导同学思考，确保他们能真正理解。在小组讨论中，小张能够鼓励每个成员发表自己的观点，并且能够巧妙地整合大家的意见，使小组讨论更加深入和有效。因为小张具有良好的沟通能力，同学们都很愿意和他一起学习，他也顺利地成为同学们中的"小先生"。

小王也是一个具有良好沟通能力的学生。他善于发现同学们在学习和生活中遇到的问题，并主动与他们交流，给予关心和建议。在帮助同学解决学习问题时，小王会先认真倾听同学的困惑，然后根据自己的理解，用温和的方式耐心地进行讲解，让同学们感受到他的真诚。

三、具备组织和领导能力的学生可以成为"小先生"

这类学生的组织能力强，在学习活动中，能够协调同学之间的合作与交流，调动大家的学习积极性。同时，他们能够在学习小组或者班集体中发挥引领示范作用，带领其他同学投入学习，让每一个同学都能有所进步。

能够有效组织学习活动，是这类学生的显著优点。特别是在小组合作学习中，在讨论某个具有思维含量的问题时，他们可以组织小组内全体同学进行话题讨论、观点碰撞、达成共识等活动，能够合理地分解学习任务，恰当地安排合作时间，让学习小组的全体成员在学习活动中各抒己见、共同探讨解决方法，以提高小组合作学习的效率。在组织学习活动的过程中，他们能够不断地激发小组成员的学习兴趣和积极性，让大家更主动地参与到学习中；通过鼓励、引导等方式，使同学们保持良好的学习状态。在学习过程中，难免会遇到需要团队合作的情况。具备组织和领导能力的学生可以协调同学之间的关系，促进团队的协作，使大家能够共同完成学习任务。例如，他们能够在一个项目式学习中，合理分配每个人的任务，确保项目顺利进行。同时，这类学生还善于引导小组学习的方向，能够根据学习目标和小组成员学习的实际情况，引导大家制订合理的学习计划，使学习更加有针对性和效率。在处理小组合作学习过程中出现的问题和矛盾时，他们也能够及时发现并妥善处理，保证学习环境的和谐与稳定。

小刘是一个具备组织和领导能力的学生。在一次科学实验课上，教师要求同学们分组完成实验，并撰写实验报告。小刘主动承担起组长的责任，他能够根据同学们的特长和兴趣，合理地分配实验任务。在实验过程中，有两个同学因为意见不合发生了争执，小刘及时进行调解，让大家能够心平气和地继续完成实验。最后，在小刘的带领下，小组顺利地完成了实验，并提交了一份优秀的实验报告。小刘的组织和领导能力得到了同学们的认可，他也成为大家学习上的"小先生"。

四、学科知识掌握扎实的学生可以成为"小先生"

这类学生在某些学科领域有着深入的理解，并且能够取得较好的甚至优异的成绩，能够为其他同学提供准确、系统的知识讲解和帮助。

在日常的教育教学工作中，我们时常可以看到这类学生。这类学生能够迅速而准确地解决学习中的问题，对学科知识的理解深入且全面，当其他同学在学习过程中遇到问题时，他们能够凭借自己丰富的知识储备，提供准确、详细的解答，帮助同学解决疑惑。这类学生善于提炼并总结自己的学习方法，能够为其他同学树立榜样，激励同学们更加努力地学习，进而活跃整个班级的学习氛围。这类学生还能够向其他同学分享自己的学习方法和经验。因为对学科知识体系特别是关键性知识较为熟悉，他们往往知道如何更好地提高该学科的学习效率。因此，他们可以成为这一学科的"小先生"，将他们成功的学习经验辐射到学习小组甚至是整个班集体，以帮助其他同学提高学习效率。这类学生还善于做其他同学的思想工作，能够让其他同学感受到知识的力量和学习的成效，从而增强其他同学对该学科的学习信心，激发学习兴趣。这类学生还有一个最大的特点，那就是他们在给其他同学讲解知识的过程中，自己会对知识进行进一步的梳理和总结，这有助于他们巩固和深化自己的知识体系。

小赵在数学学科上知识掌握得非常扎实。同学们在做数学作业时遇到难题，都会向小赵请教。小赵总是能够迅速找到解题的关键，并用清晰的思路和简洁的语言为同学们讲解解题方法。同时，小赵还会分享自己学习数学的心得，比如如何做好预习、复习，如何整理错题等。在小赵的帮助下，同学们的数学成绩有了明显的提高，小赵也成为大家公认的"小先生"。

五、有责任心和服务意识的学生可以成为"小先生"

"小先生"应该能够关心同学的学习和成长，并愿意为他人付出时间和精力，帮助同学解决学习中的困难，具有较强的责任感和奉献精神。此类"小先生"，往往具备以下特点。

第一，积极主动帮助他人。这类学生具有强烈的服务意识，他们愿意主动为同学提供帮助，无论是在学习上还是生活中。他们不会等待别人提出请求，而是会主动发现同学的需求，并尽力满足。

第二，认真对待帮助他人的任务。他们在帮助同学时，会认真对待每一个问题，尽力做到最好。他们会对自己的行为负责，确保所提供的帮助是有效的、准确的。

第三，坚持不懈。在帮助同学的过程中，可能会遇到各种困难和挑战，这类学生不会轻易放弃。他们会坚持不懈地为同学提供支持，直到问题得到解决。

第四，能够为其他同学树立良好榜样。这类学生的责任心和服务意识会感染身边的同学，他们会为大家树立一个积极的榜样。其他同学会受到他们的影响，也更加愿意去关心和帮助他人，从而营造一个良好的学习和生活氛围。

因为具有了上面的特点，这类学生更易赢得同学的信任。他们真诚地为同学提供服务，因此同学会更愿意向他们请教问题，听取他们的建议，使他们能够更好地发挥"小先生"的作用。

小杨是一个有责任心和服务意识的学生。他发现班上有一些同学在英语学习上存在困难，便主动组织了英语学习小组。他每天都会认真准备学习资料，耐心地为同学们讲解知识点，帮助他们练习英语口语和听力。在小杨的帮助下，这些同学的英语成绩有了明显的提高。小杨的付出得到了同学们的认可，他也成为大家心目中的"小先生"。

六、思维活跃、创新能力强的学生可以成为"小先生"

这类学生能够以独特的视角看待问题，提出新颖的解决方案和学习方法，并能够启发其他同学，对培养创新意识和创造能力具有引领示范性作用。

　　这类学生在面对学习和生活中的各种问题时，能够运用创新思维找到独特的解决方案。这种解决问题的能力可以为其他同学提供借鉴和启发。他们能够为其他同学提供独特的见解，能够从不同的角度思考问题，为其他同学提供新颖的思路和观点。这有助于拓宽其他同学的思路，激发其他同学的创造力。这类学生还能够引领学习方法的创新，他们善于尝试新的学习方法和技巧，同时，他们乐于将这些创新的方法分享给其他同学，帮助大家优化学习效果。思维活跃和创新能力强的学生往往能够让学习变得更加有趣和富有挑战性。他们的想法和做法可以吸引同学们的注意力，提高大家对学习的兴趣和热情水平。特别是在小组学习或合作项目中，他们能够带动团队成员进行创新性的思考和实践，营造积极的创新氛围，提高团队的整体素质和能力。

　　在一次科技活动中，小明展现出了思维活跃和创新能力强的特点。当面对一个复杂的科技挑战时，他提出了一个与众不同的解决方案，让大家眼前一亮。在之后的活动中，小明积极地与同学们分享自己的创新思路和方法，鼓励大家勇于尝试。在小明的影响下，同学们的思维变得更加开阔，对科技活动的参与度也大大提高了。因此，小明成为同学们眼中的"小先生"，受到了大家的尊重和认可。

　　总之，"小先生"的选拔不应仅仅依据学习成绩，而应综合考虑学生的多方面素质和能力，为更多学生提供发挥主体作用和展示自我的机会，促进全体学生的共同发展。

为了儿童生命的奔涌：
"小先生课程"实验报告

10 "小先生"的学生是谁？"师生关系"怎样调节？我们倡导"以'小先生'的姿态做小学生，以小学生的心态做'小先生'"，在培养优秀"小先生"的同时，又该如何培养优秀的小学生？

有教就有学，有先生就必有学生。

在中小学，"小先生制"更多指向学生之间互相教学、互相帮助的模式。在这种模式下，"小先生"的学生在更多的时候是同班同学，有时候根据交流的需要，也可以是同校的其他同学，甚至是校外人员，特别是来校参观或者考察的人员。

当然，"小先生"的学生更多的是指同班或者同校的学习进度或者学业水平较为接近的学生。这是因为面对这些同学，"小先生"在传授知识时更容易找到合适的方法和切入点，学习进度或者学业水平相近的学生之间也更容易理解和接受。他们处于相同的学习环境中，面临着相似的学习任务和问题，通过与"小先生"的互助学习，可以更好地解决这些共同的问题，增强学习效果。当某一学生有机会扮演"小先生"的角色时，他们会更加积极地学习和掌握知识，以便能够更好地传授给其他同学。同时，"小先生"的学生也会因为这种互动式的学习方式而增强学习的兴趣和积极性，更易于接受来自"伙伴"的"传道、授业和解惑"。

因为生生间的"教"与"学"，与我们理解的师生间的"教"与"学"存在着较大的差异，所以，在推进"小先生制"的同时，我们更要及时关注"小先生"与他的学生之间的关系问题。"小先生"与他的学生之间，很多时候是"伙伴"关系，他们既是学习时的"伙伴"，也是生活中的"伙伴"。因此，"小先生"在对他的学生实施"教"的工作时，需要我们不断调节他们之间的关系，以确保"小先生课程"能够顺利实施。

一、调节"师生关系"

（一）明确双方的角色与责任

"小先生"是相对于这一群学生而言的，因其在某一学习过程中表现出色、能够帮助其他学生学习，故而在某一学习过程中，让其替代"先生"的角色，并行使"先生"的权力。我们要让全体学生认识到，作为知识的传授者和指导者，"小先生"需要具备扎实的知识基础和良好的沟通能力，能够清晰地表达自己的想法，解答其他学生的问题，并引导他们进行有效的学习。同时，我们也要引导暂时没有成为"小先生"的学生，帮助他们清晰地认识到自己是学习的主体，需要积极参与学习过程，认真倾听"小先生"的讲解，提出自己的问题，并努力掌握所学知识。

对于"小先生"，我们需要为他们指明其应承担的责任。一是要对教学内容进行充分的准备，提前准备好要教授的知识，确保内容准确、清晰、有条理，"不打无准备的仗"。二是在教学过程中，"小先生"要时刻关注学生的学习情况，及时调整教学方法，确保每一个学生都能够理解和掌握知识。三是在进行问题解答时，"小先生"要耐心、细心，还要充满爱心，不放弃任何一个学生，帮助他们克服学习困难，让每一个学生都能得到进步。为了达成教学目标，"小先生"还要及时给予学生反馈，肯定他们的努力和进步，指出他们存在的问题和改进的方向，让每一次前行都有目标。

对于"小先生"的学生，我们需要提醒他们，要尊重"小先生"的劳动成果，听从他们的指导和建议；在学习的过程中，要认真听讲，积极参与讨论和互动，按时完成作业和练习；还要敢于提出自己的问题，寻求"小先生"或教师的帮助，能够对自己的学习情况进行自我诊断，及时发现问题，并加以改进。

作为教师，我们应通过组织培训、提供指导和资源等方式，帮助"小先生"提升教学能力。一是要提供必要的支持和反馈，鼓励学生积极参与"小先生"申报活动，通过相应的激励机制激发学生参与争当"小先生"的活动。二是要建立合理的评价机制，对"小先生"和学生的表现进行评价和激励，促进他们更好地履行责任。这样可以避免角色混淆和误解，促进建立良好的合作关系。

（二）创设平等的学习氛围

"小先生"是先生，但不能成为高高在上的先生。在推进"小先生课程"的过程中，我们需要鼓励"小先生"和其他学生之间进行平等的交流，消除地位差异的观念。教师可以引导学生尊重彼此的观点和意见，营造一个开放、包容的交流环境。

教师要以平等、尊重的态度对待学生，包括"小先生"和其他学生。他们应当通过自己的言行举止，向学生展示平等交流的重要性和方式；鼓励学生之间互相尊重和理解，当出现不尊重他人的行为时，及时进行引导和纠正；与学生共同制定交流规则，明确在交流中应该遵循的原则，比如尊重他人的意见、不嘲笑或贬低他人、认真倾听等，确保所有的学生能够理解并遵守这些规则，对于违反规则的行为，要进行适当的处理和教育；还可以组织多样化的活动，比如设计各种小组活动、讨论、项目合作等，让学生有更多的机会进行交流和合作。

在活动中，教师要不断地鼓励学生发挥自己的优势，共同解决问题，增强他们之间的合作意识和发挥团队精神。无论是"小先生"还是其他学生，都应该有发言机会，作为"第三方"的教师要给予积极的反馈和鼓励。特别需要注意的是，教师要认识到每个学生都有自己的特点和优势，尊重他们的差异；鼓励学生从不同的角度思考问题，欣赏和接纳不同的观点和想法，培养学生的多元思维能力。当学生在交流中遇到困难或问题时，教师要及时提供支持和指导，可以通过示范、引导讨论等方式，帮助学生学会更好地表达自己、倾听他人和进行有效的沟通，帮助他们解决问题，不让"小先生"冷场，更不让学生产生逆反心理，造成不必要的麻烦。

　　当然，作为教师，我们还需要建立积极的评价机制，不仅关注学生的学习成果，还要关注他们在交流过程中的表现，如参与度、合作能力、沟通技巧等，肯定他们的努力和进步，同时提出改进的建议，帮助他们不断提高交流能力和合作水平。这样，可以促进"小先生"和其他学生之间的平等交流。

（三）关注并尊重个体差异

　　每一个学生都是独立的个体，每一个学生都可能成为"小先生"。因此，在推进"小先生课程"的时候，我们需要关注并尊重每个学生的个性和学习风格。特别是"小先生"在帮助其他学生时，要根据他们的特点进行有针对性的指导。教师也要关注学生的情感需求，及时给予支持和鼓励，让学生感受到关爱和尊重。

　　作为教师，我们要通过观察、交流和评估等方式，深入了解每个学生的兴趣、特长、性格特点和学习风格，为其后续的引导和培养提供依据。教师最好能够以档案袋的方式，及时记录学生的个人信息和发展情况，以便更好地跟踪和支持他们的成长，着力让每一个学生都能够成为"小先生"。同时，在日常的教学中，教师要实施个性化教学，能够根据学生的学习风格和个体需求，调整教学方法和内容。例如，对于视觉型学习者，可以多使用图片、图表等视觉资料；对于听觉型学习者，可以多进行讲解和讨论；对于动觉型学习者，可以安排更多的实践活动。面对这些多样化的学习任务和活动，学生可以根据自己的兴趣和能力选择适合自己的方式来学习和展示成果。

　　为了让每一个学生都有成为"小先生"的机会，教师在日常教学中要鼓励学生自主学习，为他们提供必要的学习资源和指导，帮助他们解决在自主学习过程中遇到的问题；培养学生的自主学习能力，让他们学会自己制定学习目标、选择学习方法和评估学习效果；关注每个学生的闪光点和潜力，及时给予其肯定和鼓励，让他们树立自信心，为他们提供展示自己才能的机会，比如组织小组活动、进行课堂展示、安排活动竞赛等，让他们在实践中发挥自己的优势。

教师作为教育者，要以身作则，展示良好的师生关系和人际交往技巧，通过自己的言行举止，为学生树立积极的榜样，引导他们建立健康、和谐的人际关系。"小先生"和其他学生之间出现冲突或问题时，教师要及时介入，引导学生通过沟通、协商的方式解决问题，帮助学生学会处理矛盾，提高他们的人际交往能力。

（四）定期评价与调整

教师要定期对"小先生"的工作进行反馈和指导，帮助他们提高辅导能力和沟通技巧。同时，教师也要鼓励其他学生对"小先生"的工作提出建议和意见，促进"小先生"不断进步。教师还对"小先生"和学生之间的关系进行定期评价，需要了解"小先生"在教学中遇到的问题，征求学生的需求和意见，及时发现问题并进行调整，并通过不断改进和完善，促进"师生"关系的和谐发展。

在"小先生课程"实施过程中，教师要在课堂上观察"小先生"与学生之间的互动情况，包括交流方式、合作程度、问题解决过程等；注意学生对"小先生"的反应和参与度，以及是否积极配合"小先生"的辅导，若不配合，则要判断出问题的主体是谁。同时，教师也要定期组织学生进行匿名问卷调查，了解他们对"小先生"工作的看法和建议；或者开展小组讨论或班级座谈会，让学生分享与"小先生"合作的体验和感受。

同时，教师还可以借助多样的学习平台，评估"小先生"的工作效果；通过测验、作业、项目等方式，比较学生在"小先生"辅导前后的学习成绩和能力提升情况，评估"小先生"对学生的辅导效果。教师还应定期与"小先生"进行单独谈话，了解他们在辅导过程中的困难和收获；听取"小先生"对自己与学生关系的看法，以及对改进辅导工作的想法。

教师还可以选取一些典型的"小先生"与学生合作的案例进行分析，总结成功经验和存在的问题，注重引导"小先生"和学生进行自我评价，让他们反思自己在合作中的表现和成长；还可以结合家长、其他教师的意见和建议，对"小先生"和学生之间的关系进行全面评价，从不同角度了解"小先生"的工作情况和学生的需求。

综合运用以上多种方式，教师可以较为全面、客观地评价"小先生"和学生之间的关系，及时发现问题，并采取相应的措施加以改进，促进"小先生制"的有效实施和学生的共同发展。

二、以"小先生"的姿态做小学生，以小学生的心态做"小先生"

我们倡导"以'小先生'的姿态做小学生，以小学生的心态做'小先生'"，更提倡在培养优秀"小先生"的同时，培养优秀的小学生。"以'小先生'的姿态做小学生"意味着即使一个人在某些方面可能掌握一定的知识或技能，也要保持谦虚的态度，像小学生一样乐于学习、不断进取，不满足于已有的成绩，而是始终保持对新知识的渴望和探索精神。"以小学生的心态做'小先生'"则是说，当一个人有机会去教导他人时，要以一种谦虚、耐心的心态去对待，像小学生一样充满好奇心和热情，尊重被教导者的需求和特点，以便更好地传授知识和技能。

在培养优秀"小先生"的同时，我们也要培养优秀的小学生。

首先，我们要创设一个积极的学习氛围，让"小先生"和小学生共同成长。例如，我们可以建立合作学习小组，将"小先生"和小学生混合分组，鼓励他们共同完成学习任务，用小组合作的方式，促进他们之间的交流与合作；鼓励他们相互之间的多维互动，让学生分享学习经验和学习成果，并积极搭建交流和展示的平台，组织小组讨论、课堂展示、学习经验分享会等活动，让"小先生"有机会传授知识，小学生有机会提问和表达自己的想法；同时，鼓励"小先生"采用多样化的教学方法和学习方式，满足不同小学生的学习需求，譬如使用多媒体资源、进行实验探究、开展项目化学习等，提高学习的趣味性和参与度。我们还要建立激励机制，对积极参与学习、表现优秀的"小先生"和小学生进行奖励和表彰。这样，可以增强他们的积极性和竞争意识，同时也可以增强他们的自信心。

为了儿童生命的奔涌：
"小先生课程"实验报告

其次，在创设积极的学习氛围的同时，我们还要营造一个尊重和包容的学习环境，让每个学生都感到被接纳和重视，让"小先生"能够被"小学生"接受，小学生能够被"小先生"肯定；特别是要鼓励双方尊重他人的观点和意见，避免嘲笑和贬低他人，形成良好的人际关系。同时，我们要创建一个整洁、舒适、富有创意的学习环境，要能够展现出积极的学习态度和合作精神，通过邀请优秀的"小先生"和小学生分享自己的学习经验和成长故事，激励其他学生向他们学习，让他们感受到"为师"或者"为生"的乐趣和成就感。作为教师，我们要以身作则，以谦虚的态度和不断学习的精神为学生树立榜样，同时要善于发现和培养学生的潜力，为他们提供适当的指导和支持。

再次，我们要把提高学生学习能力作为重要内容，引导"小先生"和小学生学会自主学习，掌握学习方法，提高学习效率，使他们特别是小学生能够在没有教师指导的情况下主动地参与学习活动，培养他们的独立思考能力和解决问题的能力，这对他们的终身学习和发展具有重要意义。在此过程中，"小先生"可以作为榜样，向小学生展示自主学习的方法和成果，激发小学生的学习兴趣，提升他们的学习积极性。特别需要注意的是，学习方法是提高学习效率的关键，小学生只有掌握了适合自己的学习方法，才能更好地理解和掌握知识，增强学习效果。

最后，为了提高"小先生"和小学生的学习能力，我们要提倡采用多样化的教学方法，比如游戏、实验、故事等，让学习变得更加生动有趣，吸引他们的注意力；要引导"小先生"和小学生科学制订学习计划，明确学习目标，培养他们的规划能力和自我管理能力；针对不同的学科和学习内容，要指导"小先生"教给小学生相应的学习方法，比如阅读方法、记忆方法、解题方法等；要经常组织学习方法交流活动，让"小先生"和小学生分享自己的学习经验和方法，特别是要发挥"小先生"的作用，让他们在学习上起带头作用，帮助"小学生"解决学习中的问题；要及时进行反馈，让他们了解自己的学习情况，在发现问题时能够及时调整学习策略。

以"'小先生'的心态做小学生"，旨在引导学生做"学习的主人"，成为会学习、善学习的学习者。每一个学生都是独一无二的个体，在面对世界、面对社会、面对他人时都会有着独特的理解方式，积极的、向上的人生态度是他们走向社会、融入社会的基本条件。因此，以"'小先生'的心态做小学生"还在于让他们明白，今天的"小先生"要规避自我意识的过度膨胀，还要在"小先生"的角色中学会沟通、学会合作，要充分认识到自己在某些领域、某些方面的不足，能够以"小学生的心态做'小先生'"。

为了儿童生命的奔涌：
"小先生课程"实验报告

11 学生做先生，先生（教师）是不是、要不要、又如何"让位"？教师需要在心、知、能等方面做哪些准备？

我们不得不承认，如今教师和学生之间的关系已经不是学校情境下课堂里讲台上的教师和座位上的学生之间的关系。教师和学生因学习而相遇，但学习已经远远不是课堂里的学习。学校也已经远远不是有保安站岗的围墙里的学校，学生的学习已经无时无刻不与整个社会联系在一起。

因学习而相遇的师生关系远远不是传统意义上的师生关系，往大处说，其实是一种社会关系在校园里的投射。因此，我们不妨从社会关系学的视角开始我们的审视与思考。

当诸多个体参与互动时，便出现了社会。这种互动的兴起总是基于某些动机或出于某些目的。

社会的基底是一群相互关联的个体。这些个体联合在一起，形成一个系统，该系统随个体的地理分布和沟通渠道的性质和数量而变化，成为社会生活得以生发的基础。因此，对社会生活之网的表征便源自如此结合起来的个体之间的关系，或者源自处于个体和整个社会之间的次级群体的关系。

社会不是由个体构成的，而是表示着这些个体之间彼此发生的那些联系和关系的总和。

除非……从一套有条理的社会关系和互动的系列或模式的视角出发，……否则永远不能表达心灵，心灵也从未存在过。[①]

---

① 尼克·克罗斯利. 走向关系社会学 [M]. 刘军，孙晓娥，译. 上海：格致出版社，上海人民出版社，2018：1.

在对社会生活进行科学研究时,最恰当的分析单位应该是行动者(包括个人和法人)之间的社会关系及互动之网。

在这种思想的影响下,钟启泉在《课堂革命》中有这样的论述:"教育的本质在于人的成长。在学校日常的课堂教学中,教师的'教'不是单纯的知识与技能的传授,儿童的'学'也不是单纯的知识与技能的获得。成长的本性在于更优质、更充实的经验的重建。在这种经验的创建过程中产生的就是知识与技能。而以知识与技能为中介,师生在交互作用之中各自创生意义、彼此交流、产生新的文化的学习共同体之经验的场域,就是学校。学校的课堂世界必须同儿童生存的意义有更丰富的联系。"①

儿童的学习是怎么回事?理想的教学应当是怎样的?回答好这两个问题需要先梳理一下学习概念的演化。20世纪前半叶,学习的隐喻是"反应的强化"——教师提供奖惩,学习者被动接受奖惩。教师的作用是求得反应、做出反馈。20世纪中期,学习的隐喻是"信息的获得"——教师提供信息,学习者被动接受信息,技术的作用是提供信息手段。20世纪末,学习的隐喻是"知识的建构"——学习既不是一种刺激—反应现象,也不是一种被动接受知识的过程。在教学过程中,在儿童基于学习经验认知性地重建教材之际,学习才会发生。教师是协助儿童进行认知性处理的向导,儿童则是教材建构意义的赋予者。在这种场合,教师的作用不仅是提示信息,还包括在学习之际帮助学习者进行认知性处理。显然,离开了"知识建构"的隐喻,"有意义学习"是难以奏效的。因此,重要的是秉持这样一种观点:儿童在习得知识、运用知识的过程中,成为能动的参与者。

一、追问之一:面对"小先生课程"的研发与实施,教师和学生需要怎样的角色重构意识?

我们在课堂角色思考定位的过程中受二元思维影响较多,其实教师

---

① 钟启泉. 课堂革命 [M]. 南京:江苏人民出版社,2017:37.

为了儿童生命的奔涌：
"小先生课程"实验报告

和学生之间的角色关系不一定必须用单纯的、二元对立的词语"主体、客体""主动、被动"等来定位。借鉴陶行知"小先生制"的核心要义，结合时代现状和需求，教师和学生角色的重构必须形成以下三种意识。

第一，多维视角的主体意识。从学习过程的操作性来看，学生是学习过程的操作性主体，教师不能越位。"小先生制"强调充分信任学生，鼓励学生自主思考、发现和解决问题。一部分学生由于素养优势较强，基础较好，在学习过程中掌握知识和技能的速度较快，那么这部分学生就可以担任"小先生"，教导其他进度较慢的学生。教师不仅要教会学生学科知识和学习方法，还要教会他们如何学做"小先生"，这样就会出现越来越多的"小先生"，使教学效果越来越好。这是一种以生为本的思想，能够充分激发学生学习的积极性、主动性，使他们在教与学的互动中，真正成为学习的主人和教育的主人，为教而学，学而能教，使教与学的矛盾转化为学与教的统一。①

同时，从学习过程质量的把关上来看，教师是学生学习过程质量的责任主体。"小先生"的发现、选用与培训，"小先生课程"的实施，课程进度的快慢掌握，课程效果的评价反馈等必须由教师来负责并作为最终质量的责任主体。因此，教师必须全程观察、分析、判断，随时注意调节"小先生"的教学行为，以确保高质量达成全体学生的学习目标。

第二，"能者为师"的动态意识。学生家庭背景、生活方式、个人喜好等方面的不同，决定了他们在知识、能力和素养等方面的差异。这种差异不是选拔的依据，而是"能者为师"的重要资源。部分学生在某方面知识储备丰富，先于其他学生接受知识，就可以充当其他学生的"小先生"。比如，有的家庭有扎染工艺的独特传承，其孩子从小耳濡目染，就可以到学校来为其他学生做"小先生"，宣传这方面的独特文

---

① 王丽. 论陶行知"小先生制"对小学德育的启示 [J]. 当代家庭教育，2021（3）：158-159.

化。而有的家庭是运动世家，擅长运动健身，其孩子可以做众多缺乏运动素养的学生的"小先生"。孩子之间可以互为学生、互为教师，学生、教师的角色是动态变化的。"小先生"不分年龄，不分资历，"能者为师""会者为师"正是陶行知先生倡导的教育理念，这与我国古代"三人行必有我师"的教育理念一脉相承。

第三，互为促进的换位意识。"教人者教己"，这是成为负责任"小先生"的必备条件。一个负责任的"小先生"要想教会别人必先教会自己，要想成为合格的"小先生"就必须像教师一样认真先学、弄懂弄通、学深学透、精心备课，这样才能教会他人。而受教的学生由于年龄相仿、情趣相投，从情感上、心理上愿意接受"小先生"的教育，在此过程中身心放松、不懂就问，其学习效果自然大大提高。而"小先生"也会在讲解的过程中得到二次启发，举一反三，不断巩固所学，在"教"与"学"的角色转换中研讨进步，拓展提升。[1]

不难发现，上述讨论教师和学生关系的角色定位时，不是把教师和学生当作两个相互对立的群体，而是把教师、学生置于一个整体的、具有互动关系的群体中来审视。其中最关键的，是要真正关注到学生群体中的"生—生"互动关系，并在此基础上关注教师与"生—生"的互动关系。必须在这样一个基本的关系性审视的基础上考虑教师的角色定位及其使命担当。

二、追问之二：面对"小先生课程"的全面深入推进，教师应当如何准备？

新时代背景下的"小先生课程"不仅要凸显儿童本位，重视"小先生"的素养发展，还要有效发挥教师作为"大先生"的作用。"大先生"应该扮演"演员""导演""制片人"三种角色，明确"不为"与"应为"的边界，引导学生树立榜样，鼓励全员参与，推动角色转换，

---

[1] 卫灵彦. 陶行知"小先生制"在道德情感教育中的有效应用[J]. 教育界，2023（3）：125-127.

为了儿童生命的奔涌：
"小先生课程"实验报告

促进全人培育，建设和谐、灵动、精彩的"小先生课程"。①

"小先生课程"倡导"人人都是'小先生'""教人教己，成人成己"的理念。基于这些理念，从单向输出转为互教互学的"小先生"学习方式备受瞩目，而"大先生"的作用也不应被忽视。

（一）教师的角色隐喻及其使命担当

在由平等、自由、尊重的学习文化建构起来的学习场中，"提问小先生""答疑小先生""追问小先生""讲解小先生""演示小先生"等角色组成了新时代背景下的"小先生"成长共同体。不同领域的"小先生课程"通过人人参与、相互协作、动态转换，实现教学的互惠共赢。但"小先生课程"的着眼点不只有"小先生"，还有"大先生"。坚持人人都是"小先生"的地位，离不开"大先生"的思想转换与角色更新；发挥"教人教己，成人成己"的作用，少不了"大先生"的组织、引导和帮助；实施"领导自己的学习从主动请教开始"的策略，缺不得"大先生"循序渐进地因材施教。与此过程相对应的是，教师需要以"演员大先生""导演大先生""制片人大先生"的角色，经历辅助、激励、完善三个阶段。

学校在顶层设计层面统筹规划"小先生课程"的总体纲要，分成"健体有一套""艺术创想象""人文百宝箱""巧思乐生活""童心探科学""奇趣大自然"六大版块，在师生共同参与的基础上建立常态化的课程审议机制，统一指导课程资源的寻访、利用及配套学习方法的引领等。

1. 以"演员大先生"角色培养"小先生"角色榜样

第一阶段，在年级组、班级实施层面，教师扮演"演员大先生"，参与"小先生课程"的舞台活动，统筹兼顾学生意愿、学生个性、班级特色、学校方案等，规划、设计校本"小先生课程"的纲要，以班级为单位选出第一批"小先生"作为榜样培养，同时为年级组"小先生"选育种子选手。教师既是"主角"，让学生在学习、模仿、参照

---

① 孔令春."新小先生制"课堂的教师角色定位［J］.江苏教育，2022（90）：71-72.

"大先生"组织教学的过程中认同几种常见的"小先生"角色,初步理解提问、答疑、追问、讲解和演示的操作流程和实施意义;又是"配角",帮助学生特别是"小先生"榜样搭建支架,营造互教、互学氛围,快速在班级、年级组树立角色典范。

2. 以"导演大先生"角色鼓励"小先生"全员参与

第二阶段,教师扮演"导演大先生",倾听学生心声,指导每一个学生全面评估以自身为圆心的课程资源圈,在作业完成到位的前提下,充分挖掘自身的课程资源优势,"课后服务"课程囊括棒(垒)球、篮球、排笛、戏剧、人工智能、细木手作、西点制作六大类二十四门精品课程,形成有自身品牌优势的"小先生课程"选题;确保"一、二年级天天有活动,中、高年级周周有拓展",每名学生每学期至少习得两项技能,促进所有学生全面发展。

"导演大先生"需要借助上一阶段中的"小先生"榜样,以点带面、以面带全,在班级形成平等、自由、尊重的学习场。"导演大先生"应把握时机、穿针引线地帮助"小先生"顺利地选择、扮演某一角色,帮助"小先生"共同体解决难点问题和模糊问题,推进教育任务和教学目标达成。

3. 以"制片人大先生"角色促进"小先生"全人培育

在第三阶段,教师扮演"制片人大先生",从培养一种身份的"小先生"到培养多重身份的"小先生",从唤醒单向有效的问答到启发多维的深度对话,从关注"小先生"榜样的数量到重视"小先生"共同体的品质。"制片人大先生"隐身于幕后进行整体调控,把"小先生"共同体置于"学习的中央",推动"小先生"角色随机、动态地转换,促进教学过程灵活、生动地发展,在年级组、班级打造互教互学、情智相融的文化氛围,培养学生的推理意识、应用能力等多种素养,实现培养目标全面落实。

"制片"全程伴随科学评价。"大先生"立足校情、教情,遵循教育规律,改进结果评价,强化过程评价,探索增值评价,健全综合评价,充分发挥教育评价的激励、引领作用。具体有以下四项措施:一是在课程引入前，明确评价导向，制定质量标准，健全课程研发制度，使外部育人资源"进得来"。二是在课程实施中，常态化开展巡学考评，不定期召集家长座谈、学生调研，使"小先生"的"课后服务"课程"留得住"。三是课程完成后，以学生互惠展示、家校互动点评为主要路径，促进学生评价和质量评价"评得准"。四是进行课程优化时，依据多元主体综合评价全程监测信息，及时调整优化"课后服务"内容，强化"五育并举"措施，促进学生全面发展、健康成长，引导学生"学得好"。数据显示，家长对"小先生"的"课后服务"课程的满意度逐年提高。

（二）教师的角色准备及其理性审视

作为"大先生"的教师要学会有所"不为"与积极"应为"，引导学生自主探究、同伴互助、合作交流、深度学习并发展核心素养。

1. 教师应有所"不为"

第一，不轻视学生的能力。教师在引导学生选择"小先生"角色时，不应轻视其能力，不能仅将机会留给班级里综合能力"最强"的学生，而应发挥所有学生的主观能动性。学生在担任"小先生"的最初阶段，往往容易出现种种问题，这时教师不应对学生的能力有所怀疑。

第二，不压缩探索的时空。教师在引导每个学生从"学习者"转变为"教授者"，从"先学后教"转变为"互学互教"的过程中，不应压缩学生探索的时间与空间，不应为了最终效果的完美呈现而急不可耐地越俎代庖。

第三，不囿于课堂的知识。尽管"大先生"以课堂知识学习为培养"小先生"的有力抓手，但是"新小先生制"的应用与发展不应局限于课堂、止步于知识传递、停留在学习领域。生活中的每一处都应是"小先生"求真理、做"真人"的舞台。

2. 教师要明晰"应为"

第一，及时了解生情，提供思维支架。教师需要在了解生情的基础上，适时提供思维支架以启迪思路、点明重点。首先，教师设计简洁明快的口诀，帮助"小先生"掌握教学流程；其次，提供表达范式，引导"小先生"清晰、规范地呈现观点，如"我的思考是……""我的讲解结束了，大家有疑问吗"；最后，搭建语言支架，以语言的优化推动思维的优化，帮助"小先生"把握讲解的要点。

第二，引导深度思考，落实素养培养。在"小先生"进行任务共商、成果共享时，教师应启发学生在瞻前和顾后、比较和联系、反思和总结中将思考推向纵深处。这样既能建构出新知的"生长点"，又能发掘新知价值的"增长点"，便于学生将零散的知识碎片串联成完整、稳固的知识结构，以利于学生应用与迁移。例如，在"小小魔术师"课程中，有精彩纷呈的魔术展示环节，"小先生"多次邀请多名学生上台参与展示；另外，"小先生"还准备了魔术揭秘环节，对展示的魔术之一进行了大揭秘，并手把手地教班上同学表演此项魔术，将课堂又一次推向高潮。该课程以有趣的问题引导学生体验透过表面现象分析背后秘密的思维快乐，培养了学生的推理意识和模型意识。

第三，充分联系生活，推进全面育人。"小先生课程"的教学实践重视在生活教育中全面育人，将生活、智力与情感紧密融合。教师既启发"小先生"在任务包中引入生活中的素材，又鼓励"小先生"与同学们一起将学习路径从课内延伸至课外。"小先生"有了教、学、做合一的机会和平台，从自由的生活中得到真正的教育，最终实现全面育人。[①]

（三）教师队伍建设的"大先生"追求

学校致力"和·实"教师队伍建设，追求"和"，更鼓励卓越，强调个性。学校探索了"和实共济"的教师专业发展三部曲：从"职业人"到"文化人"再到"引路人"。"职业人"是每个教师的必经之路，从入职开始，他们都必须经历"1369工程"的打磨，即1年入门，3年达标，6年胜任，9年成骨干。聚焦专业能力提升，让每个教师都能胜任教育教学的工作，成长为合格的"职业人"。

---

① 孔令春."新小先生制"课堂的教师角色定位[J].江苏教育，2022（90）：71-72.

为了儿童生命的奔涌：
"小先生课程"实验报告

"和·实"队伍建设更关注教师"非专业"素养的养成，如文化的积淀、性情的陶冶和品格的锤炼，让教师成为一个"文化人"。唯有如此，学校才有可能突破狭隘的职业视角，关注教师作为一个完整生命的存在状态、成长需求和发展可能。学校一方面引导教师修身养性，培养生活情趣，将美学、哲学、文学、艺术等纳入视野，唤醒文化自觉，打开人生境界；另一方面，提高教师的文化鉴赏能力和审美能力，让其在文化经典的阅读、文艺大片的欣赏中，领略情趣之美、思想之美。

如何促使教师成为学生生命成长的"引路人"？习近平总书记的讲话为"和·实"教师队伍建设指明了更长远的道路："教师做的是传播知识、传播思想、传播真理的工作，是塑造灵魂、塑造生命、塑造人的工作。教师不能只做传授书本知识的教书匠，而要成为塑造学生品格、品行、品味的'大先生'。"为此，学校组织开展师德师风主题活动"先生回来"，树立"大先生"风范，倡导教师将"和·实"文脉与教育相融，做引领学生成长的"大先生"。①

---

① 沈蓉. 革新与传承："和·实"教育的实践探索［J］. 江苏教育研究，2023（14）：43.

12 实施"小先生课程"会不会过度强调学生的"中心地位"？会不会是课程变革中的一次"钟摆现象"？

学校聚焦"课后服务"的减负加权，在文献研究、问卷调查和随机访谈的基础上，逐步形成了"小先生课程"系列。2022年7月，该项目正式立项，参与研究的是校长室引领下的以学校中层为核心的项目建设团队。团队基于调研，向外引进社会优质资源，全面规划学生课后生活。2022年9月，全校近五十八个班级成立了"课后服务"多元课程研发小组，教师、学生、家长共同谋划富有班级特色、切实可行的"课后服务"课程，努力打造学生喜欢的课后生活。

2023年，集团内学校均参与到项目建设中来。学校通过组织"推磨式"教学视导，统筹课程设置、日常管理、"课后服务"等环节，建优"和实"课程体系，形成减负加权"课后服务"课程群。例如，南通市城中小学三里墩校区的"玩美童年综合活动"、永兴小学的"全域型活力校园项目"、曙光小学的"光合·生长"课程，内容涵盖了文学、艺术、科技、体育、学科拓展等多个领域，将项目建设推向纵深。2023年5月12日，南通市城中小学承办南通市基础教育课程改革第二十次现场会，现场展示了学校减负加权"课后服务"课程实施的真实样态。领衔人沈蓉在大会上做了报告，全面推介了学校"课后服务"多元课程的建设经验。2023年5月18日，由领衔人沈蓉主持的江苏省教育科学规划重点课题"转身·联结·打开：全域视角下'和实大学堂'的建构研究"开题论证活动在南通市八一小学举行。此项课题被列为江苏省重点课题。

在多方整合优质资源、多维度开发"课后服务"课程的基础上，学校积极建设减负加权"课后服务"课程资源库。2023年3月，学校根据学生参与度、评价情况，征集儿童留白课程的优秀案例，编制"自

为了儿童生命的奔涌：
"小先生课程"实验报告

主学课程"。2023年9月，学校梳理馆校共建课程的实施情况，将学生的原始作品结集成册，完成十三个博物馆研学活动的十三本成果展示集；征集优秀"小先生课程"，形成涉及科技畅想、艺术修养、生活技能、文化传承等儿童感兴趣的领域最鲜活的一手资源——《"小先生课程"案例集》；推进社校共享、家校共融课程，完成优秀案例的"入库"工作。学校的收集、整理、入库，不仅大大激发了儿童的学习兴趣，还便于回溯总结并推动"课后服务"质量的不断提升，逐步形成了课程实施的系列路径。

一、"课后服务"课程实施的多元路径

（一）坚持一个导向，服务需求

课程实施以服务学生需求为导向，强调赋予学生课程权力，走向需求导向的"个人定制"。从宏观层面来看，学校基于学生个性特征，形成统一与差异协调并进的课程目标体系。从中观层面来看，学校充分尊重学生的兴趣爱好，为学生提供适合的"课后服务"课程"选课"菜单。从微观层面来看，学校关照每个学生的现实需要，对于选择什么课程、如何研究、研究到什么程度，学生拥有选择权。学校进行有针对性的指导，并提供实施途径，帮助学生根据自我意愿获得差异性、多样性的成长，这一导向贯穿课程的开发、实施与评价的全过程，给予学生动态调整的机会，从而产生长期育人的效果。

（二）遵循"两个贯通"，融通学习

第一，时间的贯通。学校采用"三段式"的"课后服务"模式，前段辅导作业，从"课中教"走向"课后学"，夯实学科基础；中段拓展素质，从课内走向课外，提升综合素质；后段发展潜能，从知识学习走向经验学习，实现综合迁移。"三段"的安排因年级而异，灵活机动，确保"一、二年级天天有活动，中、高年级周周有拓展"，建构高品质在校生活。

第二，责任的贯通。实施项目负责制，课程领导者就是项目负责人。校社共享课程由教学处统筹规划，落实安排；馆校共建课程由年级

组、博物馆进行对接，确定活动方案；家校共融课程由班主任、家长志愿者等共同商定，进行活动的设计与实施；"小先生课程"由学生个体或学生团队开发，学生可选择做自己喜欢的事情，也可以不做任何事情，在留白的时空里共同创造智慧。项目组一方面负责做好常规管理工作，加大课程监管力度，加强课程巡视；另一方面，统筹协调，使多方责任各有侧重、相互贯通，最终统一于学生主体地位的彰显，以及关键能力、核心素养的培育。

（三）整合三方资源，协同育人

用活家长、教师和社会等资源，形成多元主体协同实施的育人新格局，做强、做大"家校社教育圈"。各行各业的家长，把鲜活的专业知识、专业技能带进教室，开阔学生的视野；学校作为课程建设的主导者，因地制宜开发延时服务课程，凸显学校办学理念和特色，开发"五子棋""合唱"等特色课程；优质的社会机构、职业院校走进小学校园，与学校合作开设棒（垒）球、形体、艺术体操等专业体育和艺术课程，蓝印花布、少儿中医、细木手作等传统非遗课程，烹饪、茶道、调酒等劳动课程，引领学生走向广阔的学习天地，在立体多维的空间内得到全方位的浸润式成长。

（四）打通四大领域，成就全人

学校聚力"社校共享""家校共融""馆校共建""小先生课程"四类课程建设，打通"儿童与自然""儿童与社会""儿童与生活""儿童与伙伴"四大领域。六个年级统一主题，以结构化建构、跨领域主题、情境性实践、项目式探究引领儿童调用各学科知识解决现实问题，实施跨学科、跨学段主题学习，全面培养儿童的自然观、社会观、生活观、学习观。

二、"小先生课程"的学习科学理论基础

"小先生课程"作为学校课程体系的重要组成部分，不能停留于单纯的个体视角，而要以个体视角为基础，拓展到周边协同视角，进一步形成学生群体的视角。通过从个体到群体的贯通审视，形成完整的学习

科学理论体系。

（一）个体视角的学习金字塔理论

学习金字塔是由学习专家埃德加·戴尔在1946年提出的一种现代学习理论。它其实是一组模型，用数字形式直观地展示了采用不同的学习方式后，学习者在两周后还能记住学习内容的多少。

在学习金字塔里，学习方式被分为了八个层次，从塔尖到底部，学习效果逐渐增强：塔尖是"听讲"，也就是传统的课堂教学模式，虽然信息传递迅速，但学习者的参与感和记忆保持率极低，两周后学习内容保持率只有约5%。接下来是"阅读"，自学阅读材料，虽然比听讲稍好，但仍然是相对被动的方式，两周后保持率约为10%。然后是"视听"，使用多媒体手段，多媒体的应用可以增强学习的趣味性，但依然未能激发学习者的主动性，两周后保持率可达20%。再往下是"演示"，观看示范学习，可以更好地理解某些概念，但仍需要进一步的实践，两周后保持率约为30%。到了"讨论"，在小组中分享和讨论能够促进思维碰撞，让知识更加深刻留存，两周后保持率可达50%，这里就开始进入主动学习了。"实践"，亲身实践或演练，两周后保持率可达75%。最后，在金字塔的基座位置，"教别人"，将所学的知识立即应用或教授他人，形成"输出倒逼输入"的效应，记忆和理解能力达到顶峰，两周后保持率可达惊人的90%甚至超过90%！

学习金字塔的核心在于积极主动地去学习，尝试不同层次的学习方式，"输出倒逼输入"，"以教为学"。当我们尝试将知识传授给他人时，我们被迫整理和深化自己的理解，因而更容易记住和运用这些知识。正如一句名言所说："教是最好的学"，在与他人的互动中，我们不仅是知识的传播者，更是学习的参与者。

（二）协作视角的协同学习理论

通过数人的交互作用而相互学习谓之"协同学习"（collaborative learning）。这里的"协同"有"合作""协作"之意。"合作"被视为在集体内成员之间同时达成目标的交互作用。"协同"是以成员之间的异质性、活动的多样性为前提，通过与异质的他者交互作用而形成的活动状态。就课堂教学而言，它是指拥有固有的学习经验与生活经验而集合起来的儿童们，以多样的教学参与为前提，共同分享认识的活动状态。

由于成员之间的多样性，"协同学习"中的知识建构模式不同于个人内的知识建构模式，能够产生更高的效率。因此，"协同学习"是一种"互惠学习"。开展"协同学习"面临三种主要挑战：在组内制定规范、设计结构、共同工作；设计任务支持有效的协同学习；设计适合学科的讨论策略，支持内涵的充分学习。①

（三）集体视角的社会化学习理论

学习是个体的，是他人无法替代的；但学习又不是个体孤立进行的活动，它一定发生在社会关系框架之中。社会性学习是个体通过观察、模仿、争论、反思等多种方式，与社会关系中的其他成员进行互动、协作和对话的过程，并最终实现自我发展和自我超越。尽管通过沙龙、聚会、阅读、运动及社交媒体等社会性学习途径获取知识及技能，已经成为人们日常生活的一部分；但在急剧变化的时代，社会性学习的内涵与外延也在不断拓展。②

张齐华团队密切跟踪关注，并将这一理论与我国课改理念、基本原则相融合，进行统整，并进行本土化转化，提出了社会化学习。他的创造性体现在：第一，界定了社会化学习的内涵。"社会化学习是指学习者在社会文化情境中通过有效互动，推进社会化进程、发展社会性素养的学习活动"，强调了社会文化情境、有效互动、社会化进程、社会性素养。这一理论与课程改革坚持的以素养为导向、在真实情境中学习以及合作学习的理念是完全一致的，而且应和了社会与情感能力培养的国际趋势。第二，提出了狭义的社会化学习概念，强调在课堂教学中建立学习共同体、进行深度对话和社会协商等理念，凸显了社会化学习的特点。这与课程改革提倡的自主合作、探究学习的方式相一致，又凸显其

---

① 钟启泉. "协同学习"的意涵［J］. 基础教育课程，2014（15）：73.
② 吴刚，黄健. 社会性学习理论渊源及发展的研究综述［J］. 远程教育杂志，2018，36（5）：69-80.

对话性和交往性。第三，借鉴国外理论，从中国实际出发，形成了三大支撑性理论——社会建构主义理论、群体动力学理论、社会助长理论。其中，他引用中国学者的理论阐述：个人对别人的意识，包括别人在场或与别人一起活动，带来行为效率的提高。张齐华将这些理论置于构建人类命运共同体、合作高于竞争的时代背景下，凸显中华优秀文化的包容性、和平性等突出特点。第四，从小学生的认知特点和规律出发，让理论彰显儿童的认知方式、实践方式，突出儿童情感劳动的本质属性。因此，社会化学习理论既是课改理念的内化和统整，又开拓了理论视野，为我国课程改革开辟了新方式，丰富了课程改革相关理论，呼应了课程改革发展走向。①

三、"小先生课程"的变革之"辩"

"小先生课程"的推广性实践，使课程改革发生了一系列变化。这并不是课程改革的"钟摆现象"，而是在辩证吸收国内外相关理论的基础上的本土化推进。

（一）"减负加权"的"双师"模式

"双师"有两层含义：一是"专业教师"与"学校教师"相结合，即专业教练、场馆教师、非遗传人、家长志愿者和学校教师共同完成课程内容。专业教师完成专业授课，引导学生体验、实践、探究；学校教师引导学生进行"预学"发现、"延学"总结。二者的教学互相补充，相得益彰。二是"大先生"与"小先生"相结合。"小先生"课程的实施，是学校特地为学生腾出的"留白"区域。每个学生都可以根据自己的兴趣或特长，自主填写课程申报表，参与"招标"，成为"小先生"。"小先生"在"大先生"的指导和帮助下，或自主独立开发，或招募伙伴共同实施"小先生课程"。脱颖而出者可获得在"小先生讲坛"上讲演的资格，落选者则在班级亮相。"留白"区域的"双师"教学，是对学校"共同"课程的"补白"，一方面，引导教师参与课程研

---

① 张齐华. 社会化学习实践手册[M]. 北京：教育科学出版社，2024：2-3.

发、实践、评价，促进课程建设从浅表层走向深层；另一方面，引导学生从"被设计"走向"自我设计"，成为真正的学习者。

（二）"辩证共存"的"双学"模式

综合"学习金字塔模型""协同学习""社会化学习"等理论，我们不难发现多样化学习方式辩证共存的基本原理。

第一，被动性学习与主动性学习辩证共存。"学习金字塔模型"告诉我们，主动性学习（如讨论、实践、教别人）相较于被动性学习（如听讲、阅读）在记忆和理解方面有着巨大的优势；被动性学习在迅速掌握大量基础性、普适性知识方面更有效率。在目前的"双减"背景下，学生需要加强主动学习，参与讨论、进行实践和教别人，这些都是加强主动性学习的有效方法。通过主动性学习，我们能够将抽象的理论具体化，使其更易于理解和应用。

第二，协同性学习与竞争性学习辩证共存。在学习集体中，每一个成员都为伙伴的成长而喜悦，这样的学习场合，谓之"协同"；在学习集体中，成员相互竞争第一的场合谓之"竞争"。"协同学习"不只是推进教学进展的一种教学组织方式，更是在学校所有场合支援儿童学习的一种基本原理。"以全员的提升作为集体所有成员的目标"——以此目标为基础的一切实践，就是"协同学习"。换言之，寻求班级全员的进一步成长被视为头等大事，相互学习、相互激励、相互提高的学习活动就是"协同学习"。大量的实证研究表明，"协同学习"有助于培养新时代儿童的基础学力，而"竞争学习"对于基础性学力培养并无突出效力。

第三，个体式学习与社会化学习辩证共存。个体式学习是指学生独立的学习行为，是指学生独自或在教师的指导下通过接触、阅读、钻研课外资料而获取知识的学习方式。其特点是学生或是精于某个知识点，而其掌握的整个知识面过于狭窄，或是知识面较广但深度不足。可以看出，个体学习方式也有一定的优势。它可以在合作学习过程中发挥学生某一方面的特长，以达到相互促进、相互补充的目的。社会化学习是指学生在小组或团队中以完成共同的任务为目的、有明确的责任分工的互助性学习。合作动机和个人责任是社会化学习产生良好学习效果的关键。教师要尽量提供有价值的、富有挑战性的问题给学生研究，以激发学生的求知欲，启迪学生的思维。

社会化学习将个人之间的竞争转化为小组之间的竞争，在培养学生的合作精神、团队意识和集体观念的同时，也有助于培养学生的竞争意识与竞争能力；社会化学习还有助于因材施教，可以弥补一个教师难以面向众多有差异的学生教学的不足，从而真正实现使每个学生都得到发展的目标。但是，个体的独立思考是无法由别人或小组来替代的。只有在学生的思考达到一定的程度时展开讨论，才有可能出现一点即通的效果。因此，我们既要鼓励学生进行创造性的个体学习，也要引导学生在个体学习的基础上探索社会化学习，实现取长补短，达到优势互补。

纵观以上分析，我们不难发现"小先生课程"的变革，可以让我们得到以下的学习建议。一是采用多样化学习方式。在学习过程中，尽量不要局限于单一的学习方式。结合视听、讨论和实践等多元化的学习方式，能够提升学习的趣味性和效果。二是培养团队协作能力。小组学习除了能提高学习效率，还能培养团队合作和沟通能力。这些技能在未来的工作与生活中将是不可或缺的。

在构建自己的学习系统时，学生可以借助"学习金字塔模型"提供的多层次学习方法，建立一个有效而有趣的学习体验系统。首先，从基础层次出发，结合阅读和视听材料，获取必要的知识和信息；然后，通过演示和群组讨论，与他人分享自己的理解，促进思维碰撞；接着，进入实践练习阶段，将所学知识应用于实际场景，巩固记忆；最后，通过教授他人，不仅可以加深自己的理解，还能形成"输出倒逼输入"的良性循环。通过这样系统化的学习流程，学生能够更全面地掌握知识，提升学习效果，实现持续成长。

（三）"课程设计"的"平衡"模式

在面向未来的知识社会里，学生记住了再多的现成答案都是无济于事的。为了能够在问题解决的过程中创造可持续发展的社会，每一个人就要拥有自己的思考、知识与智慧，做出主体性的回答，而不是等待谁来回答问题。这不仅要求每一个人要"知道什么",还要求每一个人能够"运用知识,知道能够做什么、如何解决问题"。特别是随着社会的信息化、智能化发展,与其单纯地记忆知识,不如着重培养借助探究、梳理信息与知识,从而产生新的想法的能力。在知识社会时代,人际交流与协同的机会增加,接触多样信息与思考的机会也会增加。发展学习者的多样性、求得问题解决方案、构筑新的思考能力,成为头等重要的课题。"小先生课程"致力于构建学生"学习历程"的"平衡"模式:知识社会的健全未来的创造来自每一个人的能动性,牵涉到每一个人能否凭借自身的力量与同他者协同的力量,创生基于知识的新的回答与价值。① 因此,"小先生课程"的创造性建构必须体现两类"平衡"。

一是适应性平衡。作为类社会文化实践的学校课程与教学,必须在接受式学习和真实社会实践之间保持一种辩证的平衡。教学变革的方向之一就是促进学习者更好地获得知识,使他们能够用这些知识解决现实世界中的问题,同时不断发展学生的自主性和创新能力,从而更有效地面对知识社会带来的种种挑战。在传统的立足于知识传播模式的教学中,学生接受知识之后进行记忆和操练,获得的仅仅是表层的知识而没有很好地提升思维能力,难以进行知识的迁移,无法有效解决问题,更无法发展自主能力和创新能力。我们可以将这种授受式学习和真实的社会实践作为一个连续统的两端。学校的课程与学习作为一种类社会文化实践需要在以上两种课程学习之间寻找一个最佳的平衡点。学校的课程与教学变革也因而有两种不同的选择:一是授受制的完善;二是走向社会实践方式的学习,以这种方式弥补传统授受式学习的不足。问题在于,在学校、在课堂内,能否实现社会实践式的教育以及如何实现。②

因而,我们有必要对社会实践进行分析,从中离析出核心要素,以此为构建"小先生课程"结构与学习活动的原则。作为类社会文化实践形态的课程与学习的特征体现在三个方面:一是活动形态。体现"知

---

① 钟启泉. 解码教育 [M]. 上海:华东师范大学出版社,2020:22.
② 郑太年. 学习科学与教学变革 [M]. 上海:上海教育出版社,2019:56-58.

为了儿童生命的奔涌：
"小先生课程"实验报告

识"向"任务"的转化，呈现一定的探究性，关注个体和共同体，注重动态性和非预定性，回应学习的意图性、复杂性。二是实践指向。要求将知识镶嵌于探究世界、完成任务的活动之中，知识的获得是为了更深刻地认识世界和解决问题，而不是相反，不能仅将与世界的关联（尤其是去情境化学习之后的关联）作为促进抽象知识学习的手段。三是社会属性。课程学习的过程处于复杂的社会关系之中，学习的知识是社会建构的结果。学习的过程是参与学习活动和各方合作与互动的过程。这种合作与互动首先基于对每个人的经验、知识、观点的尊重，进而又为他们的社会文化环境所形塑。基于个体意义之充分呈现的合作和互动，通过提供支持和引发冲突，促进了意义协商和知识建构。

二是融合性平衡。面对新时代对学校教育的诉求，我们的教育思维不应当采取二元论的立场。以下是国际课程设计中心列举的部分问题，这些问题不是非此即彼的，而是兼容并包的。①

一是身与心。健全的心智寓于健全的体魄。学生学习成长的过程是身与心同步、协调发展的过程。这种协调关系是一种复杂的关系，需要得到全流程、全方面的关注、研究和促进。

二是知识、技能、人性、元认知。传统课程聚焦于知识内容的掌握，但在种种领域中，儿童必须求得知识内容与相关能力的平衡。这里包括：运用知识的技能；动机作用与复原力，社会的、情绪的知性等人的品性；有助于儿童成为反思性、自律性成熟学习者的元认知学习方略。

三是STEM与人文科学。在全面关注项目完成所必需的众多技能（批判性思维与创造性）的同时，也需要有人文科学和艺术课程的良好训练。艺术教育是同高阶的创造性思维、作为学习者的自我认知的提升、更好的学校氛围等众多因素结合在一起的。让学生"多能"永远是面对不确定未来的出色策略。

四是深度与广度。学校教育课程的课时是有限的，应当科学平衡课

---

① 钟启泉. 解码教育［M］. 上海：华东师范大学出版社，2020：22-24.

程学习的深度（特定知识的专业性）和广度（连接并理解种种学科领域所组成的知识体系），促进儿童在面临种种社会议题、项目主题、探究专题时，能做出权衡的选择，在解决问题的过程中展开有效的学习。

五是成果与过程。受各种功利因素的影响，当前教育会越来越重视对成果的关注与评价。但对儿童而言，这往往容易影响其内发动机乃至成长、熟练、刻苦学习的心态。成果与过程作为学习过程的重要因素，都必须被强调，同时获得科学的评价。要结合具体项目的难易程度来辩证地权衡对"成果"和"过程"的评价权重。

六是全球视野与地域视野。学校的课程作为面向未来的课程，应当重视全球的视野，但在具体领域也须从地域视野入手。全局性的目标是同地域性的价值与思考联系在一起的，两者兼容思考比偏执于一方更为优越。

综上所述，可以看出"小先生课程"是在"双减"课改背景下，在课程与教学的系统性变革中经历科学组织后的适应性存在。

13 "小先生课程"在学校整体课程中处于怎样的地位？具有怎样的发展愿景？

"小先生课程"不仅是在国家"双减"政策落地背景下的课程创新，也是在国家课程实施时段之外的"课后服务"时间中，充分激发"小先生"的创新潜能，立足减负加权所形成的一种"课后服务"课程，在整个"课后服务"课程系统中有着核心引领作用。

一、减负加权"课后服务"多元课程架构

基于全校3 000余名学生的学习需求，努力还原儿童真实的课后生活，学校形成了独特的"'$\frac{1}{3}$'托举式"的"课后服务"多元课程架构（图13-1）。"$\frac{1}{3}$"中的"3"是指以学校、教师、家长为开发主体的"他组织"课程群，包括三大板块：整合社会资源，以艺术类、科创类、劳技类等为主要内容的"社校共享课程"；挖掘自身潜能，以"主题研学"为主要内容的"馆校共建课程"；沟通家校，以家长志愿者为活动主体的"家校共融课程"。"$\frac{1}{3}$"中的"1"则是以儿童自己为开发主体的"小先生课程"。"小先生"可以将"他组织"课程的实施作为行动范本，也可向"大先生"寻求背景支持和资源支撑。学校、教师、家长乃至校外专业机构，都是"小先生课程"开发与实施的驱

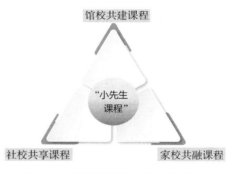

图13-1 "课后服务"多元课程架构

动者、保障者。

在此架构下，学校形成了"课后服务"多元课程图谱（图13-2），课程内容囊括了棒（垒）球、篮球、排笛、戏剧、人工智能、细木手作、西点制作六大类二十四门模块课程。课程丰富了学生的课余生活，促进了学生的多渠道、深层次、高质量成长，确保"一、二年级天天有活动，中、高年级周周有拓展"，每周参与学生近八千人次。

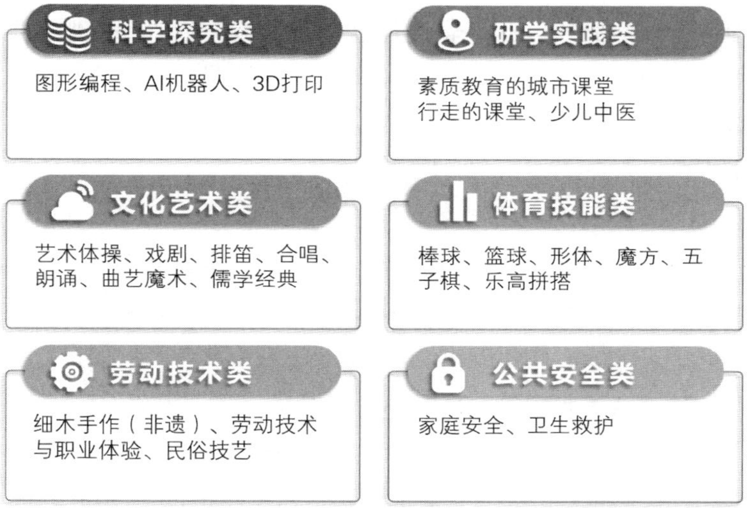

科学探究类
图形编程、AI机器人、3D打印

研学实践类
素质教育的城市课堂
行走的课堂、少儿中医

文化艺术类
艺术体操、戏剧、排笛、合唱、朗诵、曲艺魔术、儒学经典

体育技能类
棒球、篮球、形体、魔方、五子棋、乐高拼搭

劳动技术类
细木手作（非遗）、劳动技术与职业体验、民俗技艺

公共安全类
家庭安全、卫生救护

图13-2 "课后服务"多元课程图谱

课程架构遵循"双结合"原则。一是将"学业辅导"与"素质拓展"相结合，既充分保障各班、各科作业指导到位，学生书包"不回家"，又提供高质量的课程服务，满足学生多样化的学习和发展需求。二是将"共同"与"个性"相结合，既根据学生的年龄特征，科学设置面向全体学生的"共同"课程，让每个学生每学期都能系统习得两项技能，又充分尊重每个学生的兴趣爱好、现实需要，提供可以选择的"个性"课程（包括学生自主开发的"小先生课程"，学生也可以不做任何选择），从而达成夯实"共同"、发展"异样"、呈现"多元"的课程目标。

二、"小先生课程"的价值定位

（一）课程功能体现减负加权

不少学校对"课后服务"的理解存在着误区，将"课后服务"简单等同于课后托管，理解为课堂教学的附属品，视作课外补习的替代物，使得"课后服务"反向增负。"小先生课程"对以上误区有着针对性的"减负增权"定位。

厘清"课后服务"的逻辑起点这一行为，决定"课后服务"质量的高低。我们将"课后服务"多元课程建设的逻辑起点定位于"人—知—客观世界"关系的建构，而不是"课程—分数"的逻辑定位。这从根本上可以服务于学生的成长。

（二）课程目标体现国家意志

南通市城中小学的"课后服务"多元课程建设落实国家"课后服务"政策，依靠社会支持与专业化服务，发挥家长优势，拓展学习空间，发展学生个性，最终构建了以下四个维度的"课后服务"多元课程模式：社会共享课程鼓励社会机构进课堂、学生实践入社会，"一进一出"打破教育壁垒；馆校共建课程强调博物馆资源的高效统整，最大限度地发挥博物馆的社会教育职能；家校共融课程将家长志愿者的专业优势最大化，促成深层次的家校共育；"小先生课程"以学生自身的兴趣爱好为出发点，源于学生，服务于学生。综上，本项目时刻立足课程政策的关照和指引，确保"课后服务"课程建设有法可依，精确把握了课后创生的尺度和边界。

（三）课程内容丰富课程体系

我们将中国学生发展六大核心素养作为价值引领，推进素养导向的减负加权"课后服务"多元课程案例建设（表13-1）。

表 13-1　素养导向的减负加权"课后服务"多元课程案例建设

核心素养	基本要点	主要案例
人文底蕴	人文积淀	故宫探秘、黄山印象等
	人文情怀	走进甲骨文、中医传承等
	审美情趣	剪窗花、光影里的非遗、大美京剧、银杏的设计等
科学精神	理性思维	儿童理财初探、人工智能、神奇的魔方等
	批判质疑	数学逻辑思维训练——一道题的 N 种解法等
	勇于探究	小神农识百草、种子之美——杂交育种的初探等
学会学习	乐学善学	阅读分享、藏在语文书里的物理等
	勤于反思	思维训练、"我"的学习经验等
	信息意识	元宇宙简介、神奇的 Python 等
健康生活	珍爱生命	身体不容侵犯、牙齿及牙齿保健知识、心肺复苏术等
	健全人格	"我"说儿童心理等
	自我管理	莫让"网事"成憾事、专注力的训练、好习惯成就好人生等
责任担当	社会责任	反邪教宣传进校园、守护地球、国家安全小课堂等
	国家认同	南通博物苑新馆（"历史馆"）研学活动、"我"的红色记忆之长津湖等
	国际理解	探索第二次世界大战、新加坡小学生的一天等
实践创新	劳动意识	花草养护、稻谷种植、卫生大扫除等
	问题解决	制作校园平面图等
	技术应用	污水过滤实验、制作神奇的水彩虹等

三、"小先生课程"的发展愿景

近三年来，"课后服务+课程"成为国内研究热点，"博物馆教育""家校共育""馆校合作""家长课堂""社会工作"成为高密度研究区域。依据近三年"课后服务"+"课程"国内研究热点聚类，我们可以看出，校外机构与"课后服务"的教育资源供给之间存在关联性。本项目中的社校共享课程，充分引进具备资历的社会组织；"家校共育"

以"家长课堂"为主,强调"主题式"与"特色化";"馆校合作"是"双减"背景下开展"课后服务"的重要依托,具体表现为"博物馆教育""STEAM 教育"等。

以上三类课程均为"小先生课程"提供了资源支撑和范式引领,"小先生课程"是学生在以上三种"他组织"课程的支持下进一步内化和深化学习的课程。可以预见,"小先生课程"会经历 1.0—3.0 版本的提升。首先是 1.0 版本,这种形态的课程研发,以课程门类的增减为标志,学校以充实课后延时服务为本源动力,并不断增加具体课程的数量;其次是 2.0 版本,学校会围绕"和实"办学特色,开发"小先生"系列的特色课程群,初步形成课程群的聚类组合和模块;最后是 3.0 版本,此种形态的课程建设以"多维联动、有逻辑的课程体系"为标志,这是文化创生形态的课程变革。

如何实现从 1.0 向 3.0 版本课程的迈进?我们有着这样的发展思考。

(一)基点梳理清晰化:找到适切的发展起点

"小先生课程"研发是既定基础上的再提升,追求这一课程的深度变革必须清晰地梳理课程发展的"基点"。根据学校的办学基础给"小先生课程"的发展准确定位,是学校迈向 3.0 版本课程研发与建设的首要任务。我们运用 SWOT(强项、弱项、机遇、危机)分析法,对学校的地理环境、在地文化、政策环境、课程现状、行政领导、学生需求、教师现状等因素分别进行分析,把握"小先生课程"发展的优势与问题所在。同时,我们注重对课程发展思路的研究,以"课后服务""减负增效""学校课程建构""核心素养"等为核心词汇深入研究,把破解"双减"难题贯穿调研过程的始终,以增强"小先生课程"发展情境研究的宏观性、针对性和实践性,以准确、合理的目标体系引导"小先生课程"的研发,切实做到清晰把握课程发展的"基点",从而为学生提供多元选择,实现"学生对课程"和"课程对学生"的深度融合、双向奔赴,全面发展学生个性,培育核心素养。

（二）愿景描绘具象化：让课程哲学映照鲜活的实践

课程愿景是学校课程使命的具象化，是与学校教育价值观相联系的、可以调动师生情感的图景。如果说，目标提供过程的满足，那么愿景则提供事业的动力。推进学校课程的深度变革，我们需要明确"小先生课程"的课程愿景，并将课程愿景具象化。学校组织用具象化的方式想象课程、观察课程、思考课程、分析课程、建构课程。我们在与师生、家长沟通时，可以用具象化的愿景去说明学校课程的目标、本质和实施方法。我们的愿景是："小先生课程"是属于学生的，既要实现"儿童拥抱课程"，也要实现"课程拥抱儿童"；"小先生课程"是真效合作、真挚分享、真情交流的课程；"小先生课程"要把整个校园打造成智慧流淌、相互砥砺、共同研究的学习型社区，每个人都能展现出自己的智慧……人们总是会被伟大的愿景感动，我们就是要让"小先生课程"理念若一股清香，透着一种诗意，变成激发师生的动力。"小先生课程"用富有"活力"的鲜活课程，让大家找到真正面向未来、面向儿童的课程哲学，并用这种课程哲学映照着"小先生课程"的建设实践。

（三）结构呈现图谱化：改变课程的碎片化格局

如果把课程视为书本，孩子们可能会成为"书呆子"；如果把课程视为整个世界，孩子们可能会拥有驾驭世界的力量。为此，学校应致力建构丰富的"小先生课程"图谱。如何按照一定的逻辑理顺学校课程的纵向与横向的关系，是学校课程体系化建设需要审慎思考的问题。具体而言，在横向上，是如何按照一定的标准对学校课程进行合理的分类；在纵向上，是如何将学校课程按照年级划分分为不同层级，努力形成一个适应不同年龄阶段的孩子的课程阶梯。我们认为，在横向上，应重构学校课程分类，让孩子们分门别类地学习，以把握完整的世界之格局；在纵向上，应强调按先后顺序，由简至繁，从已知到未知，从具体到抽象，保持学校课程的整体连贯。这样，我们就可以形成天然的、严密的学校课程"肌理"，让"小先生课程"有逻辑地、立体地"落地"，这样有利于克服课程碎片化、课程内容"大杂烩"等问题。

（四）类群划分聚焦化：聚焦核心素养建构课程群

类群划分聚焦化，也就是围绕核心素养建构"小先生课程群"。课程群是以特定的素养结构为目标，由若干板块性质相关或相近的课程组成的一个结构合理、层次清晰、彼此连接、相互配合、深度呼应的连环式课程集群。课程群是一种面向碎片化课程的思维方法和操作工具。随着对核心素养的倡导，课程改革越来越要求考虑学生素养发展的完整性，构建课程群已成为中小学深化课程改革、优化课程设计的一条有效途径。构建"小先生课程群"重点关注以下四点。

第一，聚焦目标。聚焦核心素养，聚焦育人目标，聚焦课程目标，是课程群建设的首要原则。课程群建设必须密切关注学生的核心素养，优先发展对某项目标具有关键支持作用的课程。

第二，建构链条。也就是确定课程群内各个"小先生课程"的相关性、课程之间的纵向衔接与横向联系，以及课程体系。

第三，组合搭配。课程群是具有关联关系的课程之组合与搭配。在涉及课程序列的安排上，关键是要找到"课程时序"上的衔接点，即根据学时的配比度与开课时序，以及各门课程在整体中的位置、地位和作用，从系统的观点出发来安排课程。通过标明"小先生课程"之间的内在关系、课程开设的先后顺序、课程时量等逻辑关系来描述课程之间的内在关系，这样的组合搭配有助于揭示课程之间的重复、脱节、断线和时序安排上的不合理现象。

第四，整合优化。"小先生课程群"是一个基于特定目标而组织化的课程系统，仅仅把几大类有逻辑联系的课程汇集起来，只是一个"课程集合"。只有将全部课程整合完成，使其成为一个体系，实现课程功能的优化，才能称之为"课程群"。因此，课程群建设应当将重心放在相关课程之间内容的整合、关系的勾连及功能的优化上。

（五）内容关联整合化：还原完整世界的真实面貌

课程是浓缩的世界图景，不仅要呈现生活世界，还要呈现知识世界、精神世界等图景。3.0版本的课程是富有统整感的课程，是多维联结与互动的课程。不论是学科课程的特色化拓展，还是主题课程的多学科聚焦，都应当尽可能回到完整的世界图景上来，努力将关联性与整合性演绎得淋漓尽致，让孩子们领略"世界图景"的完整结构。一般来说，课程整合有两种常见方式：一是射线式整合，即以学科知识为圆点，根据知识的内在逻辑联系进行多维拓展与延伸；二是聚焦式整合，即以特定资源为主题，进行多学科、多活动聚焦，以加强孩子们与社会生活的多学科关联与整合。从表现形式来看，有学科内统整、学科间统整、学科与活动统整、校内与校外统整等。

（六）操作指导手册化：让课程变革变得易于操作

学校课程变革应当是多维主体参与的变革。如何让师生参与、家长参与，是需要一套可以清晰告知操作方法的课程资料来指导的。学校公开发布"小先生课程"申报指南、假期"闯关"课程指南等就是学校"小先生课程"手册化的一种做法。指南中一、二年级部分包括"选定一个主题、确定几个重点、概括几个特点"三大板块，三、四年级部分包括"选定一个主题、确定几个重点、概括几个特点、规划一个过程"四大板块，五、六年级部分包括"选定一个主题、确定几个重点、概括几个特点、规划一个过程、编写一本'教材'"五大板块，体现年段层级，指导"小先生"课程的进阶呈现。

（七）实施过程立体化：整个世界都是教室

英国课程学者马尔科姆·斯基尔贝克（Malcolm Skilbeck）认为，设计课程的最佳场所就是学生和教师相处的地方。的确，多样的、活跃的"小先生课程"，如演示课程、行走课程、指尖课程、群聊课程、圆桌课程、众筹课程、搜索课程、操作课程、仪式课程……带来了多彩灵动的学习方式，孩子们在生活世界里所有精彩纷呈、活跃异常的"做事"方式，都是"小先生课程"实施与学习的可能方式。"小先生课程"的实施不仅仅是将"自主、合作、探究"概念化。教育学家约翰·杜威（John Dewey）认为，一切学习来自经验。实践、沉浸、对话、互动、参与、体验既是课程最活跃、最富灵性的形式，也是课程实施的重要方法。重视孩子们直接经验的获得，让孩子们亲近自然、走进社会、联通世界，并通过一系列的综合实践活动丰富孩子们的经验和见识，是3.0版本"小先生课程"的重要表征。

(八) 经验形成模型化：有逻辑地推进学校课程变革

南通市城中小学有自己的"和·合"品质课程模式，建构了基于"和·合"课程哲学且组织化了的课程系统，将各课程有机地结合成一个联系紧密的、有逻辑的育人图景。学校课程哲学、课程结构、课程功能、课程实施及课程管理与评价是课程模式不可或缺的构成要素。其中，学校课程哲学是课程模式的灵魂，课程功能和课程结构是课程模式的主体内容，课程实施是课程模式的必要落实，课程管理与评价是课程模式的基本保障。建构学校独特的课程模式，是学校内涵提升与特色发展的要求所决定的。南通市城中小学运用系统思维把"小先生"们的经验模型化，形成具有"和·合"特色的课程模式。只有构建了自己的课程模式，并有逻辑地推进"小先生课程"建设，学校整体的课程发展才会出现不一样的格局，学校发展才会呈现出不一样的态势。

(九) 优质课程平台化：有序遴选典型课程入库共享

在多方整合优质资源、多维度开发"课后服务"课程的基础上，学校积极建设减负加权"课后服务"课程资源库。2023年3月，学校根据学生参与度、评价情况，征集"儿童留白"课程的优秀案例，编制"自主学课程"；2023年9月，梳理馆校共建课程的实施，将学生的原始作品结集成册，形成十三个博物馆研学活动的十三本成果展示集；征集优秀"小先生课程"，形成涉及科技畅想、艺术修养、生活技能、文化传承等儿童感兴趣的领域最鲜活的一手资源——《"小先生课程"案例集》；推进社校共享、家校共融课程，完成优秀案例的"入库"工作。通过收集、整理、入库，学校不仅大大激发了儿童的学习兴趣，还让辐射推广成为可能，推动"课后服务"质量不断提升，扩大了学校课程项目建设的影响力。

14 "小先生课程"有着怎样的"级"与"类"?

"小先生课程"是在国家"双减"政策落实背景下,通过学校"课后服务"多元课程建设推动形成的延伸性校本课程改革项目。学校推进课程改革既受国家课程改革政策的影响,又与各个课程变革主体的意愿相关。无论是国家课程改革的落地,还是学校课程变革的统领,都和学校这个法人主体密不可分。就一个城区集团校的课程改革推进模式而言,主要有"自上而下"的空降模式、"自下而上"的草根模式和"平行主体"的分布模式三种。从宏观角度来看,"自上而下"课程变革的层级设计是最有效的;从微观角度来看,"自下而上"课程变革的主体参与是最重要的;从文化角度来看,"平行主体"课程变革的激励分享是最有意义的。面对各种课程变革模式,如何取长补短体现了学校课程改革的路径选择和实践智慧。

一、"小先生课程"的课程层级

美国当代教育改革家古德莱德、M. 弗朗西斯·克莱因(M. Frances Klein)和肯尼思·A. 泰伊(Kenneth A. Tye)提出了课程层级论思想,他们将课程分为五个层级:(1)理想的课程,指由研究机构、学术团体和课程专家倡导的、以纯粹形式呈现的课程形态。这类课程是否产生实际影响,主要看它是否为官方所采纳;(2)正式的课程,是获得州和地方学校委员会同意,由学校和教师采用的课程,也就是被列入学校课程表的课程;(3)领悟的课程,指头脑中领悟的、理解的课程,被官方采纳的正式的课程会以学科形式呈现,经教师理解和领悟进入实施状态;(4)实施的课程,教师根据具体的教育情境,对"领悟的课程"做出调整,使之成为"实施的课程",进入课堂教学;(5)体验的课程,这是学生实际体验到的课程,尽管经历了同样的课程学习,

为了儿童生命的奔涌：
"小先生课程"实验报告

但不同的学生会获得不同的学习体验，该层次的课程是对整个课程组织流转的最终检验和落实。

在古德莱德看来，对于上述五个课程层级中的每一个都必须进行三个方面的探究：一是实质性探究，包含对课程目标、学科内容及教材等课程实体要素的本质和价值研究；二是社会性探究，包括对人类发展过程的研究，通过"政治—社会"研究看到利益倾向及其因果关联；三是专业性探究，主要从"技术—专业"角度考察个体或群体对课程的设计、维护和评价，进而改进、推动或者更新课程。① 前两个方面主要探究课程的价值与原理，后一个方面主要探究课程的技术与实践。古德莱德认为，必须对每个层级的课程的本质与价值、政治与社会、技术与专业都进行细节性审视和实践化处理，以真正促使课程一层一层地垂直落地。

古德莱德的"课程层级论"揭示了课程从理论形态到实践形态的运动过程，使人们对课程概念的理解从静态角度转换到动态角度，真正把课程看成层次化、系统化和生态化的复杂系统。同时，使我们既看到课程的宏观系统，又看到课程的微观层面；既关注原理的探究，又关注实践的落实，对课程从哪里来要到哪里去，在时间顺序上进行了详细的考察与清晰的阐述。

按照古德莱德的课程层级论思想，课程改革从区域布局到学生学习的整个"自上而下"的"课程链"有五个层级：（1）区域层面，代表国家，推行"理想的课程"；（2）学校层面，基于本校，规划"正式的课程"；（3）科组层面，立足学科，设计"理解的课程"；（4）教师层面，深耕课堂，创生"实施的课程"；（5）学生层面，聚焦学习，获得"经验的课程"。每个课程层级内部有一个"势能储层"。按照《简明不列颠百科全书》的解释，势能是由系统各部分的相对位置所决定的储

---

① 胡森，波斯尔斯韦特.教育大百科全书：第7卷［M］.重庆：西南师范大学出版社，2006：109.

能，是系统的特性而不是单个物体或质点的性质。① 势能是个状态量，是相互作用的物体所共有的。我们用"势能储层"这个概念来表达在一个课程层级内的若干要素之间的相互作用情况，每个课程层级就是一个"势能储层"，该层级内部各要素，如资源、环境、主体等相互作用，产生一定的"能量"，进而推动着课程变革进一步落地，形成区域课程改革的瀑布模型（图14-1）。

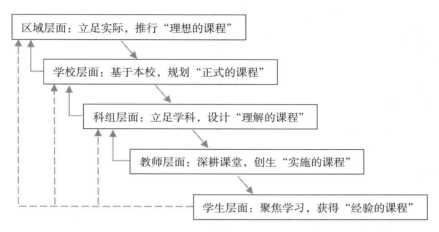

图 14-1　区域课程改革的瀑布模型

（一）区域层面：立足实际，推行"理想的课程"

区域层面如何以国家课程政策为依据，以学科课程标准为基础，整合性地推进"理想的课程"落地？课程是最重要的改革载体之一，区域课程改革必须立足实际，基于"五育并举"的要求，综合考虑对学校发展、教师发展及学生发展产生影响的各种因素及资源，建构系统的区域课程变革框架。

（二）学校层面：基于本校，规划"正式的课程"

学校层面如何立足本校实际，推进课程的深度变革呢？这一课程层级应以研制学校整体课程规划为抓手，规划"正式的课程"，进而提升

---

① 中国大百科全书出版社《简明不列颠百科全书》编辑部. 简明不列颠百科全书：第7卷[M]. 北京：中国大百科全书出版社，1986：323.

学校课程领导力。南通市城中小学组建了学校课程领导小组。学校课程领导小组牵头研制学校整体课程规划，建立与学校内涵发展相匹配的课程体系，提升学校课程品质。学校整体课程规划关注以下七个关键问题：(1) 分析学校课程情境，明确学校课程变革的基础；(2) 确定学校课程哲学，把握学校课程变革的价值取向；(3) 厘定学校课程目标，引领学校课程方向；(4) 设计学校课程框架，建构学校课程体系；(5) 布局学校课程实施，转变课程育人方式；(6) 改进学校课程评价，提升学校课程品质；(7) 探索学校课程管理，保障课程扎实落地。学校根据自身实际情况，以内涵发展为中心，通过整体课程规划，优化学校课程结构，设计适合学生发展的课程体系，有逻辑地推进学校课程变革。① 学校课程变革是一个不断研究、深化的过程，学校整体课程规划本质上是以校长为核心的领导团队探索课程的价值判断力、目标厘定力、框架建构力、实施推动力和管理保障力的过程，是课程领导团队通过研究系统规划"正式的课程"的过程。

（三）科组层面：立足学科，设计"理解的课程"

学校是有明确职能分工的科层组织，年级组、学科教研组是其中重要的业务组织。年级组如何立足年段特点、学科教研组如何立足学科，并在此基础上设计"理解的课程"，便是这一课程层级需要思考的问题。在南通市城中小学，我们推进学校年级组与学科教研组联合研制"课后服务"多元课程群建设方案，促进教师理解"小先生课程"的真谛，进入课程领域，发现课程的意义；立足学校与班级实际，充分发掘"小先生"的主体能动性，研发充满灵性与活力的"小先生课程"。在课程实践中不断建构分享型组织文化，是学校课程变革的一个重要维度。

（四）教师层面：深耕课堂，创生"实施的课程"

教师即课程，教师的课程理解决定着教师的教学行为。教师创生课程是教师发挥专业自主权的体现，是个性化教学生成的重要标志。有学

---

① 杨四耕．学校课程变革的逻辑与深度［J］．上海教育，2016（9）：27-28．

者认为"教师即课程"有两个内涵：其一，教师是课程的内在要素，是课程的有机组成部分；其二，教师是课程的创造者，创造课程是教师的责任。① 在"小先生课程"的研发过程中，需要体现教师的"导师"责任。立足"课后延时服务"的时空，教师"导演"创生着最现实、最富有实践感的课程，也就是"实施的课程"，其中包含师生关系的隐性课程、学科知识的经验再现课程及拓展延伸的生成课程等表现形态。在鲜活的教育情境中创生课程，从静态知识观到生成课程观，从知识的预设到课程的创生，教师在课后延时服务的时空中充分发挥"小先生课程"实施的主体创造性，实现对课程的情境性理解和把握，全面增加课程的育人价值，这就创生了"实施的课程"。

（五）学生层面：聚焦学习，获得"经验的课程"

"经验的课程"是学生实际体验到的课程，是对儿童经验的改组和改造，是课程运行的最终归宿和效果落实。为了丰富学生的学习经历，促进学生获得有价值的"经验的课程"，在南通市城中小学，我们强调以下四点。其一，准确把握学科知识的育人价值。学科知识是系统化的人类经验，具有特别的价值。我们倡导将生动的事实与学科知识有机结合的"课程微处理"，让学生从经验中学习。② 其二，实现学科知识和学生经验的全面联结。课程既包括静态的知识体系，也包括动态的学习过程，知识体系和经验世界共同构成了课程的风景，促进二者的融通是经验增值的途径。没有学生的经验活动过程，学科知识只是呆板的"符号"，是没有意义的。其三，寻找课程内容与学生经验的最佳结合点。学科知识中的概念归纳、逻辑推理、事理演绎，都必须以学生的生活经验为基点，使学科知识贴近学生的生活体验，让知识逻辑变为学生可领悟的经验表达，促使琐碎的经验事实不断地向系统的知识逻辑发展。其四，引导学生进行真实的经验探索和评述。经验是具体的尝试过程，学生不能在被动静听中获得经验，只有在亲自"做"的过程中才能发展

---

① 陈丽华. 教师即课程：蕴涵与形式 [J]. 课程·教材·教法，2010（6）：10.
② 约翰·杜威. 民主主义与教育 [M]. 王承绪，译. 北京：人民教育出版社，1990：149.

出真实的经验。学校、家庭和社区为学生提供经验探索的环境，引导学生主动尝试、积极求索，在发现问题和解决问题中获得经验，并学会表述和评价经验的形成过程和成果。

综上所述，"小先生课程"的研发是上述五个"课程层级"中的若干不同主体、不同事件和活动构成的系统运作过程，由上至下构成了一个瀑布式课程推进模型。①

二、"小先生课程"助力"双减"的三大"接口"

20世纪30年代，陶行知先生提出的"小先生制"是突出"为教而学"的深度学习，不仅是践行"教学做合一"具身理念的方法，也是协同家校社的有效路径。在"双减"背景下，"小先生课程"生来备有连接课堂教学、"课后服务"和家校社协同的天然"接口"，能克服"双减"中的各种症结，实现"以减增效"。

（一）对接课后："小先生课程"促进学生全面发展

相比于以营利、应试为目的的校外培训，学校开展的"课后服务"课程更能够回归育人本真，提升学生的核心素养，促进学生德智体美劳全面发展，真正致力教育增效。② 与"课后服务"的具身理念一致，基于"教学做合一"思想的"小先生制"服务模式致力学生身心合一发展，强调学生在真实的场域中以亲身实践的方式学习和训练，实现"五育融合"。"小先生课程"包括知识学习、艺体训练、科技制作和社会实践等类型。

知识学习：通过"学—做—说"三位一体模式，建立自主探究、动手实践和口头讲解相结合的学习体系，讲解是目的，自主探究与实践两种手段的相互配合、相互促进是前提；讲解不只是为了传授，它还推动着学生继续深入探究和积极实践，如此循环，最终促成知识的建构。

---

① 万远芳. 语文天生很重要：语文学科课程群设计［M］. 上海：华东师范大学出版社，2021.
② 李宝庆，纪晶. "双减"背景下高质量课后服务课程建设的创新路径［J］. 课程·教材·教法，2022，42（11）：65-73.

艺体训练：建立"学—练—说"三位一体的训练模式，学生在专业教师的指导下，通过自主练习和讲解训练要领，实现身心合一发展。

科技制作：采用"学—作—说"三位一体模式，学生自主解读制作说明，动手制作，讲解制作步骤和要点，发展科技创新能力。

社会实践：通过"学—访—说"三位一体模式，学生学习社会知识，了解知识应用，向他人讲解社会知识的应用，促进"五育"全面发展。

（二）对接课堂："小先生课程"促进学生深度学习

课堂教学打开了学生深度学习之门，让大量重复的低效作业再无容身之地。"小先生制"源于《学记》中的"教学相长"，其强调"教人居学之半"，即自己的教可以促进自己的学，这正是深度学习的核心。[①] 随堂融入的"小先生制"微型课程，在教学目的、教学过程、教学方式和教学评价方面均有特别指向，能够促进"学—教—学"的深度学习同步运行。

教学目的："小先生课程"强调学生自主学习，倡导"人人都是小先生"，明确促进学生自主学习，通过以讲解为主的学法促进学生深入学习。

教学过程：课程强调课堂互动交流，鼓励学生之间进行双向互动，通过小组讨论、总结发言、教师整理观点，形成共识，完成新知建构。

教学方式：注重发展学生的高阶思维能力，学生在教授他人或交流中发现不足，再次学习，促使学习持续深入。

教学评价：主要评价学习成果的实践应用及其对学生心理品质产生的影响，通过具体情境检测知识掌握，通过对话方式检测思维方式，以及检测成果应用中的积极情感和坚定意志。

（三）对接家社："小先生课程"沟通方式促使学科教培消失

"小先生制"依据即知即传原则，采取小孩教小孩、小孩教大人、

---

① 朱肃霞. 小先生制"教学相长"的研发重构与深度学习的关联［J］. 上海教育，2022（12）：66.

教人去教人的方式，改变了传统意义上的"长者为师"，提倡"智者为师""能者为师"，成为普及教育的有效路径"。①"小先生课程"促进家校社协同育人，通过有效的沟通方式，促使家长和社会支持学校教育，减少对校外学科教培的依赖，推动教育生态的良性发展。

家庭支持：通过"说+"式"小先生"家校沟通方式，学生主动讲解家长关心的问题，家长见证学校教育成效，减少对学科教培的需求。

社会支持：利用社区资源推行"说+"式沟通，开办"小先生"作品展、"小先生"讲堂和"小先生"报告会，展示学生学习成果，赢得社会对学校教育的支持，消除教培存在的必要性。②

三、"小先生课程"的课堂样态

现代"小先生课程"的课堂样态要求人人都成为"小先生"，人人都能成为"小先生"。学生是课堂学习的小主人。"小先生课程"是一种"以教促学，以评促学"的学习新样态，具体来说，是指利用学生的"教"促进学生的"学"，利用学生的"评"促进学生的"学"。此处的学生，既是"小先生"，也是学习者。我们认为，会教的"小先生"一定会学，教的过程也是进一步内化与深化学习的过程，教与学是一体两面的。同时，"被教"的学习者被赋予了"评论"的权利，可以通过评价甚至是质疑的方式，阐述自己对刚刚所学内容的理解，表达自己的赞同、不解或反对。在对他人之"教"的修正与完善中，学习者自然而然地产生了自己新的学习图式，最终完成了对新知识的同化或顺应，成为新的"小先生"。因此，从这个层面来说，评与学也是一体两面的。

我们根据"以教促学，以评促学"过程中知识获得的几种重要方式，对小先生进行角色分类，提出了五种不同的"小先生课程"样态：

---

① 刘来兵，任淑叶. 社区小先生制：家校社协同育人新路径 [J]. 基础教育参考，2022（11）：40-45.

② 韩青."小先生制"助力"双减"的三个"接口" [J]. 教学与管理，2023（35）：5-7.

经验分享型、项目探究型、专题思辨型、演示操作型、评议互动型。通过这五种类型的"小先生课程"，我们可以发现课堂学习中学生的角色定位不仅仅是对应了不同的教、学、评方式，更是以此提出了与之相应的课程呈现路径。

（一）经验分享型

"小先生"充分运用先前的知识经验和自己形成的观点举例子，巧妙完成从旧知识到新知识的迁移运用。在"小先生课程"的学习现场中，人人都是"小先生"，是课堂学习的主人。学生带着各自独特的经验走进课堂，因而产生了不同学习层面的"小先生"。经验是学生学习的基础，其中最直接、最常用的，也是师生最熟悉的学习方式就是分享典型例子。在此种"小先生课程"中，"小先生"可以采用经验分享的方式，把内容讲解给同学们听。听到例子后，学生共同分析、讨论，进一步补充例子，这样一个过程就实现了"小先生"的教与学。举例子的经验分享课程一般包括以下四个程序：优选范例、科学呈现、要点讨论、评价延伸;[①] 通过优选范例丰富"小先生"的学习感知，通过科学呈现寻找贴切的表达路径，通过要点讨论优化"小先生"的学习思维，通过评价延伸提升"小先生"的学习品质。

（二）项目探究型

"小先生"可以主动参与学习活动及意义建构，尝试阐述自己的思考过程，积极参与知识获得的过程。在项目探究型的"小先生课程"中，学习者需要经历真实的探究过程，明确问题、联系知识、寻找解决问题的途径，把自己分析、解决问题的过程和同伴分享，互相交流，最终形成优化的思路。这类课程大致包含以下四个程序：说项目、说理解、说思路、说反思。"小先生"通过说项目完成学习中的教与学。说思路说明学生在积极思考、积极参与，每一个学生的思维火花，都会为其他学生提供一种新的思路，成为他们学习的资源，也会提升其他学生

---

① 尤吉，等. 现代小先生制：培育爱学会教能评的小主人[M]. 苏州：苏州大学出版社，2021.

思考的积极性；同时，说出自己的思路也是表达者自己深度思考、深度学习的过程，这时教与学的过程是统一的。有时，"小先生"的思路并不完整，但是不成熟的思路也是很好的学习资源，能够促进学生群体在学习的过程中做相应的补足、优化，形成完善的学习方案。

（三）专题思辨型

"小先生"积极思考并发表自己的独特见解，通过讨论与分析、质疑与反馈，让课堂中生成的观点与方法更成熟、思维更深入。学生在学习中借助思考、辨析，实现深度学习，同时在这样的学习过程中帮助自己和他人更好地学习，以此实现教与学的统一。培养学生的思辨能力，其实相当于培养学生的想象力及创造性的推理能力。思辨能力不仅是小学生思维能力体系中的重要组成部分，也是小学生独自解决问题的不可或缺的能力。①

摆观点是专题思辨型"小先生课程"的关键环节。摆观点是指学生能主动表达自己的思考、观点，能主动对他人的看法提出意见，能在矛盾情境中表达自己的思考。主动思考、表达观点是深度学习的表现之一，对学生高阶思维的发展有重要的影响。在"小先生课程"中，遇到形成观点、总结方法的学习环节，教师不会直接教授这些观点与方法，而是重视学生自动、自发学习的内在愿望，由思辨型"小先生"们经过独立思考后发表独特见解。这些见解经由讨论、分析等多主体互助合作，形成最终的学习成果，使学生的思维得到深入延展，学习个体的特长和创造力得到生发。

（四）演示操作型

"小先生"通过课堂学习实践中的动手操作与演示，真正成为学习活动的主人。基于自身的学习经验，学生在合作学习过程中，通过操作演示，不断和自己对话，与伙伴互动交流，实现群体知识的重新建构；通过认识、理解、运用、分析、评价，激发自身的内在学习驱动力，产

---

① 陈红美. 小学语文教学中培养小学生语文思辨能力［J］. 科学咨询（教育科研），2019（43）：83.

生"1+1>2"的教学效果，学习能力和学习素养都能得到长期提升。

在"小先生课程"中，学生是操作演示的主体，学生自发投入操作演示，全员全程参与操作演示，对于过程中出现的问题，学生互相补充、互相评议、互相内化、互相提升。"小先生课程"中的演示操作采用的是多主体的合作模式，操作活动由学习内容和学生学习的需要决定。对于概念性的可感知的新知识，可以选择班级中部分动手能力强的"小先生"，让他们课前在家里进行前期"备课"准备，在学校课堂带领大家进行操作演示；对于可实践探索、思维层级较低、语言表述烦琐，但是操作过程相对简单、需求人数较少的知识，可以采用同桌互助操作演示；对于能够激发思维能力、提升思维品质的具有开放性、探究性、趣味性的知识内容，可以采用小组合作操作演示；对于需要教师引领进行整体知识归纳、总结、提炼的内容，可以采用群体共学操作演示。根据课堂展现形式的不同，演示操作又可以分为四种类型：会教会学的先知导学操作演示、互教互学的同伴互助操作演示、会评会学的小组合作操作演示、会议会学的全员参与操作演示。[1]

（五）评议互动型

"小先生"借助课堂中的转述、追问、补充、纠正进行评议，成为课堂学习中交流互动的小主人。评价是评价者对评价对象所进行的价值判断，其实质也是对评价对象的认识过程。[2] 如果学生成为课堂学习的评议者，能积极主动地评议学习过程，能独立自主地评议他人的观点，能合理流畅地质疑、分析、补充，那么学生既是一个真实的学习者，能真实地、思辨地参与课堂学习；也是课堂中的教授者，能借助自己的质疑、分析、补充，帮助集体将学习中模糊的地方变得清晰，使思路浅显的地方变得深入，使学习不当之处得到修正，在评议中拓展高阶思维，提升核心素养。

---

[1] 尤吉，等. 现代小先生制：培育爱学会教能评的小主人［M］. 苏州：苏州大学出版社，2021：144-157.

[2] 史晓燕. 教师教学评价：主体·标准·模式·方法［M］. 北京：北京师范大学出版社．2018.11.

为了儿童生命的奔涌:
"小先生课程"实验报告

"小先生课程"的实践课堂呈现出一种"以教促学,以评促学"的学习新样态。学生既是"小先生",也是学习者,被赋予"评论"的权利,可以通过评价甚至是质疑的方式,阐述自己对刚刚所学内容的理解、赞同或不解、反对。评议的内容包括课堂上的学习、教学、管理。"能评""会学"的"小先生"让课堂学习回归到真实的师生、生生交往,回归到真实的现实生活,也回归到真实的个性发展。在互教互学、互评互议的循环往复的过程中,每一个学生都可以成为"小先生",每一个学生同时又是参与评议的学习者。评议互动型"小先生课程",主要通过转述、追问、补充、纠正等方式评议教与学。通过广泛参与、主动建构、迁移实践,学生在"小先生课程"中完成了深度学习,实现了共同提升、全面发展。

综上所述,"双减"背景下的"小先生课程"中的"先生"既不是指出生比自己早、年龄比自己大的人,也不是指充当教师或教师助手的人。新时代的"小先生"是指能够先于他人主动探索和主动分享的学习伙伴。"小先生课程"的探索与分享,既是为了内化"小先生"个体的经验,也是为了给其他学习者的进一步学习带去启发或反思。新时代的"小先生"区别于以往的"小先生"的特质是广泛参与、主动尝试,深度思考、主动建构,乐于分享、迁移实践。因此,"小先生课程"课堂样态的组织运行并不拘泥于预设与生成、组织与非组织、显性与隐性、独立与"随堂"、常态与非常态之分。"小先生课程"从本质上来说是一种强调学习者通过分享而内化经验的学习课程组织方式;是一种注重利用学习者之间的认知差异和资源差异的学习课程组织方式;是一种基于倾听、重在对话的学习课程组织方式;是一种利用学习者个体向其他学习伙伴分享学习经验时产生的自我反思促进自己深度思考与内化知识的学习课程组织方式。

第五章
实操要义

15　学校由哪些部门、层面或人员进行课程组织管理？怎样组织或管理？

一、起：课程改革的初心与破局

2022年3月，我们的项目"减负加权：'课后服务'四级课程体系建设"诞生了。围绕"减负加权"和"课后服务"这两个关键词，我们完成了"课后服务"四级课程体系框架的初步建构。与校园文化紧密相接，我们以"和而不同"为培养目标，在"课后服务"课程中不仅仅凸显了"一个都不少"，还强调了"私人订制"，更突出了学生作为课程主体的"开发权""实施权""评价权"。我们产生了一个大胆的想法——要让儿童真正"站在校园的正中央"。我们把这样的想法融入项目申请书的撰写中，也许是抓住了当下的"热点"，又或许是我们想要解决的"痛点"打动了评审专家，同年6月，该项目成功入选2022年江苏省基础教育前瞻性教学改革实验项目。

于是，新的问题接踵而来。如果说，"申报书"是一群有想法的教育者坐在书斋里碰撞出来的思想精华，那么，这样具有个性的"课后服务"课程该如何实施？作为一项生长在"田野里"的项目，如何让它真正扎根？自"双减"实施以来，教师的工作量大大增加，做这样一个项目，会不会增加教师的工作负担？如何激发全体教师的教育热情，保证全校三千多名学生真正享受快乐的"课后服务"生活？这些问题将引领我们将项目具体实施起来。

二、承："普及+优化"的思考与实践

我们迅速成立了"课后服务"课程开发团队，在家长座谈的基础上，精心设计了学生问卷，全面调研学生的兴趣所在及其发展需求。经

为了儿童生命的奔涌：
"小先生课程"实验报告

过多次会议的有效研讨，我们制定了最初的课程目标，即"普及+优长"，让100%的学生每学期都能获得一项运动技能、一项艺术才能。基于这样的认识，项目组整合资源，与外部高校、博物馆、教育培训机构、社区等进行了商谈，签订了协议，共同规划了各年级社校共享课程内容：涉及艺术、体育、科技、人文四大领域，囊括排笛、戏剧、棒（垒）球、篮球、人工智能、细木手作、西点制作六大类二十四门课程。面对全校三千多名学生，如何真正保证所有的学生都能在"课后服务"课程的实施中有所收获？多方统筹、协同安排后，我们最终形成了1.0版的"课后服务"课程安排表。

一时间，"课后服务"开展得如火如荼。"课后服务"时段成了学生最快乐的时光。夕阳下，绿茵场上，有棒球队欢快的呐喊和挥汗如雨的畅快；教室里，有非遗传人精雕细琢的投入；形体房里，有学生颀长优雅的身影；走廊里，有戏剧表演的咿咿呀呀声。我们看到了生命的蓬勃与丰盈。

三、转：机制创新的实用与赋能

但是，随着课程建设的日渐深入，项目组成员很快就发现，当大家把大部分精力投入"社校共享""馆校共建""家校共融"这三类课程中时，我们距离原来所期待的目标，即充分发挥学生的主体性，通过为学生增加课程开发权、实施权、评价权培育核心素养，尚有一定的距离。研讨后，项目组成员改变了原先的组织方式，成立了与四类课程相关的四大项目团队，采用了项目责任制，充分发挥了教师在"小先生课程"的开发与实施中的托举作用，帮助学生在"课后服务"课程中看见自己、发现自己、实现自我成长。

2024年3月，项目组成员在开学前的研讨中，萌生了一个大胆的想法，采用游戏中的晋级机制，设置小先生星级，"五星小先生"有机会面向全校自主进行课程的实施，以此引领学生在进阶中体验，激发内生动力，获得能力提升。

开学之初，教科室发布"小先生招募令"，鼓励全校学生申报自己的课程。同时，更新"小先生课程"的申报表，针对不同的年级提出了螺旋上升式的要求，增加了不同年段学生的课程自主选择权、教师的课程指导权。

如图 15-1 所示，我们鼓励低年级学生通过绘画的方式介绍自己的课程价值；中年级学生借助思维导图，绘制课程开发路径；高年级学生在此基础上，尝试进行简单的读本开发。

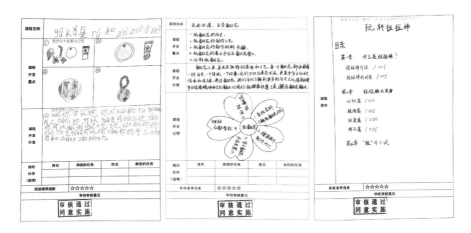

图 15-1　低、中、高不同年段申报表部分栏目

"五星小先生"的诞生须经历以下几个步骤：学生完成申报表后，在班级里推介自己的课程，全班展开讨论，教师进行有针对性的指导；教科室就学生的申报表进行审核后，教师指导班级实施；根据实施情况，借助"小先生课程评价量表"，全班投票打分，推选出"四星小先生"进行年级巡讲；在年级巡讲中，全年级就"小先生"的课程实施情况，进行即时"点赞"、评价，推选出"五星小先生"，参加"小先生课程集市"活动；在课程集市开市仪式上，"小先生"面向全校"卖课"，统计名单。6月1日，课程集市正式开张，学生走班上课。在这个过程中，学生获得的是自由活动的精神、自主安排的权利、自行成长的乐趣。

四、合：育人生态的重塑与启示

从最初的不明方向，到"小先生课程"的真正落实，把学生放到课程的中央，项目组回答好了几个问题，做对了几件事。

（一）多方协同，形成项目矩阵模型

在该项目研究中，学校形成了校长室"核心引领"，教科室、教学处"联动作业"，项目骨干"分项承接"，年级、班级"责任落实"的扁平化、矩阵式组织架构（图15-2）。在项目组织实施中，学校强调以项目为中心的团队合作，注重组织资源的优化配置，提升"课后服务"实施质量。

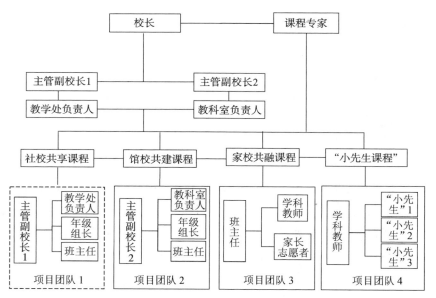

图15-2 "减负加权：'课后服务'四级课程体系建设"矩阵式组织架构图

依据矩阵模型进行项目建设组织的基本流程如下。

首先，根据项目需求，学校就四个层级课程的开发与实施分别成立了相应的团队，为了保证运行质量，同时专门设置了相应的负责岗位。

其次，在对儿童发展需求充分调研的基础上，整合校内外资源，集合课程建设方面的专家共同进行项目研究的顶层设计。顶层设计的工作

包括确定项目研究的总体目标，制订项目研究计划，确定"课后服务"课程内容及具体的维度，确保内容的适切性、多样性。

最后，各项目负责人承接任务后，组织团队成员，围绕项目建设总目标，对应项目研究主要任务，设计相应的具体活动，形成评价量规，增强"课后服务"效果。

在此过程中，主管教学的副校长为各项目的研究与实施提供管理服务，负责教科室、教学处负责人及各项目负责人之间的沟通，合理安排和调度教师和其他工作人员。其主要作用还在于，基于顶层设计，给出及时的反馈与建议，持续改进项目组工作，确保"课后服务"课程的提质增效。教师，尤其是班主任，是"课后服务"的直接管理组织者，他们负责调控和指导，保障所有课程在班级层面有效落实。

矩阵式的管理和组织方式可以确保"课后服务"活动的有效性，同时也可以促进学生在课后时间的全面发展。

（二）多措并举，推动课程资源三级联动

学校建立了三级联动机制，实施社会、家庭、学校三级联动，充分利用博物馆、图书馆、社区等场所的独特价值，为全体学生提供优质的教育资源与发展机会，满足其个性成长需求，形成"人人皆学，处处能学，时时可学"的学习场域，让校园成为创造的起点。

第一，利用社校联动托举"小先生课程"，为学生打好坚实的文化基础。"小先生"确定研究方向，与相应的专家、教师、场馆教练等"点对点"联动，并在他们的支持下，根据自己的能力，删减、优化课程内容，自主完成"小先生课程"的申报与实施，如南通非遗剪纸传承人李海烽指导"小先生"生成的"妙剪生花"剪纸课程，由校足球队教练指导的"小先生"团队开发的"趣味足球"课程，等等，都受到了学生的广泛欢迎。

第二，利用馆校联动托举"小先生课程"，培养学生的自主发展能力。在充分体验、实践的基础上，学校引导"小先生"重点开发"博物知旅"系列课程，"小先生"化身小小讲解员，各显神通，联通线上、线下，创造性地带着同学畅游博物馆，如风筝博物馆课程、张謇纪

念馆课程等。

第三，利用家校联动托举"小先生课程"，增强学生的社会参与能力。学校鼓励"小先生"与家长签订合作契约，在家长的支持下选择自己感兴趣的、擅长的领域开发自己的课程，100%的学生都能成为班级"小先生"。

（三）多维评价，落实课程管理"三评三促"

学校立足校情、教情，遵循教育规律，改进结果评价，强化过程评价，探索增值评价，健全综合评价，充分发挥教育评价的导向、激励、引领作用，促进"小先生课程"发挥育人作用，提升"课后服务"水平。具体采取了以下措施：

第一，建立外部育人资源协同机制。学校明确评价导向，制定质量标准，健全教研制度，确保优质外部育人资源"进得来"，托举"小先生课程"成为珍视每个学生天赋、指向学生全面发展与个性成长的课程。

第二，落实全员导师制。每一个班主任自动成为班级导师，基于儿童立场，就学生申报的"小先生课程"进行课程审议评估，一审主题内容、二审实施流程、三审方式方法，引导每一个学生发现自己的潜能所在，主动、深入、创造性地实施课程，确保学生"学得好"，托举"小先生课程"成为激发每个学生的潜能、面向人人的创新人才培养课程。

第三，构建"为你点赞"评价系统。"小先生课程"实施后，学校增强学生的"评价权"，组织学生从趣味指数、收获指数、心动指数三个层级"点赞"课程，评出班级"三星小先生"，并推荐其进行年级巡讲；在年级巡讲中，师生共同点评、"点赞"，评出"四星小先生"；学期末开展"小先生课程集市"活动，呈现学生在"小先生课程"开发与实施过程中的精彩表现，组织全校师生及家长进行互动点评，确保学生评价和质量评价"评得准"。同时，根据评价结果，学校为"小先生"颁发"3元每赞"的课程基金，托举"小先生课程"成为让每一个学生始终激情澎湃的"长效保鲜"课程。

（陆　艳）

16 对"小先生课程"这一新生事物,确乎需要适度"造势",那么如何"造势"?可以采用哪些为儿童所喜闻乐见的形式来"造势",使之更易于深入人心?

"小先生课程"强调双向互动的个性化教育,具有不确定性、非线性、创造性等显著特征。因而对于这一新生事物,如何呵护学生的好奇心、激发学生的创造性成长,是课程实施初期理应深入思考的问题。老子在《道德经》中有言:"道生之,德畜之,物形之,势成之。""势"是指万事万物的趋向、姿态,"势成之"可译为"事物必须在某种势的推动下,才能成功"。的确,小学生更容易接受外界刺激,更容易受到环境大势的影响,并渴望在激励与反应的互动中得到反馈,"势"的推动有利于"小先生课程"的落地生根。但"小先生课程"的良好发展势头如何在人员相对有限、性格差异显著、认知水平不齐的班集体内维持,甚至形成某种风尚呢?经过尝试,我们发现造就一种好的势场,构建一种好的发展机制,形成一种好的发展势头,缺一不可。那什么才能称得上"好"呢?大致可以概括为"为儿童所喜闻乐见的形式"。

因此,在课程实施中,我们有了以下的尝试。

一、"找势":"趋同"点燃激情

"造势"的前提是"得一",即得到统一、同一。"小先生课程"的申报人各有不同,课程类别五花八门,课程形式多种多样,但多样的背后隐藏着趋同之势。例如,课程开发价值会聚焦自我与他人的发展,"中华孝道"的"小先生"认为走上讲台可以"锻炼自我","二阶魔方的还原"则强调"提升胆量,更加勇敢、自信","跆拳道小白成长

为了儿童生命的奔涌：
"小先生课程"实验报告

之路"的"小先生"提出"跆拳道可以强身健体","我喜欢的书——《西游记》"则认为"这本书告诉大家要不畏惧艰难、不轻易放弃"。此外,多数"小先生"会在"课程开发重点"的开篇强调自己的兴趣与已有经验,无论是"折纸"的"有趣快乐"、"百变魔尺"的"丰富多彩",还是"跆拳道小白的成长之路"的"我从幼儿园就开始学跆拳道……","小先生课程"大多锚定在了自我安全区。因此,将教师的认可与鼓励、同学的肯定与支持贯穿课程实施始终,必然是激发"小先生"奋进激情的法宝。

二、"演势":"演绎"聚焦童心

通过"找势",我们将差异显著却又融会贯通的"小先生课程"紧密联系在了一起,而造就能够真正深入童心的势场,回应"小先生"的情感需求,则需要回归儿童自身,探究为他们所喜闻乐见的形式。

首先,创造一个"环境"。定制"小先生"专有教室不失为一个好办法,传统教室多为单向输出的整体性布置,互动较为单一,为了实现"小先生"与伙伴的双向互动,须扩大教室内的活动领域,创造更多的施展空间。因此,我们将传统教室内排列规整的课桌调整为环绕"小先生"的圆形或U形,这样小先生既可以结合课件示范开讲,辅以肢体动作或实物教具,也可以及时对伙伴进行答疑解惑,在回应中更加自信从容地进行思维碰撞。

其次,给予一类"示范"。想要深入童心,放弃思维定式,以儿童的视角去观察、去思考,才能起到实效。"我爱自然"这节课凭借其讨巧的选题脱颖而出,但在设计中出现了许多让低年级学生根据大段文字或是图片去想象"生态循环系统""节肢动物生存环境"等的环节。即使后续会有视频加以辅助,但让儿童抛开实物,只凭头脑中短时间获取的间接经验,终究无法触及深层思维。因此,在课程调试阶段,我们与申报者达成共识,去真实呈现生态系统,让学生亲眼看到"小先生"讲的内容。后续"蚂蚁工坊""迷你生态湿地""水培植物试管"等成为"我爱自然"的实物教具。有了这一示范,"汽车模型盖上的电池板""冷热交替循环模型""手持台灯"等也实现了"我所了解的风能、电能"课程的具象化;"我喜欢的书——《西游记》"这节课的后半程,学生用超轻黏土演绎西天取经路上的师徒四人;在了解"龙年传说"后,学生用纸笔绘出自己心中的龙。想要课程生动有趣,增强开讲效果,就需要避免枯燥的单线输出,让学生亲眼所见乃至亲身体会,"讲做结合"才能真正深入童心。

最后,形成一种"荣誉"。说到底,只有明白"小先生"希望通过这节课收获什么,才能真正叩响"心灵之门"。那么,"小先生"最想收获什么呢?其一,自豪感是最为直接的一种情感体验。例如,贴至班级公告栏的"专属课表"、象征授课者身份的"班级聘书",在"生物角"抽取专属植物盲盒,都为"小先生"镀上了荣誉光辉。其二,获得感是最为持久的一种情感延续。简而言之,通过这节课得到教师、同学的认可,是激发"小先生"自我效能感、回应情感需求的关键。例如,课程申报初期会由伙伴们集体投票,评出本节课的"班级推荐指数"与"推荐理由";课程结束后的"晒讲"环节,一份份结构完善的授课教案、一个个精彩的授课瞬间、一句句总结提炼出来的授课经验,都会陆续被张贴至班级公告栏,既能记录授课点滴,又能传递开讲经验,为"小先生"创造真实的获得感。

三、"造势":"借力"激发向往

"演势"切实回应了学生的心理需求,使"人人皆可讲"的观念深入人心,而"造势"则可以让学生更上一层楼。按照汉语言字典的解释,"势"还可以理解为时机、机会。也就是说,想要"小先生课程"走向人人,让人人渴望且都能够成为"小先生",需要某种势头的推动。而这些"势头"除了前期积累,还需要借助东风,以一定的机遇为媒介。

第一个机遇:年级巡讲。从班级走向年级,意味着"小先生"可以打破空间场域的限制,走向更加广阔的舞台,那么年级巡讲必然是一件光荣之事。谁可以有幸争取到这个机会呢?是否可以借助这个机会引发班级内部的激烈讨论，形成某种"舆论"，激发向往之情，进而推动"小先生课程"深入童心呢？为了成功"造势"，班级制定了"三步走"策略。第一步，班级初评。除了争当小先生，还可以摇身一变，成为课程测评员。"为什么你会选择这节课？""这节课与众不同的地方在哪里？"……从以上问题着手，班级以学习小组为单位，进行民主投票。最终，三个课程脱颖而出。第二步，结对打磨。由申报人邀约小伙伴，组建团队，并在团队中结合同伴建议，修改教案与讲稿，不断打磨完善直至开讲。第三步，班级试讲。多次的打磨迎来了最终亮相，课毕由班级学生不记名投票，选出最佳"小先生课程"。最终，在班级成员的推荐下，课程"折纸"脱颖而出，作为班级代表走向年级。第二个机遇："课程集市"。"课程集市"力图突破年级限制，实现了"小先生课程"的跨年级流动，使得"处处皆可讲"的观念深入人心。在"课程集市"中，"跆拳道小白的成长之路"脱颖而出，从班级教室走向了更加广阔的校园舞台。借"东风之势"，一位明星"小先生"就此诞生。在活动结束后的专属"座谈会"上，这位"小先生"就如何准备、授课过程中的注意点，以及怎样才能提高同伴的参与度，在班级传授经验。至此，巧借机遇，有效"造势"，不仅使得"小先生课程"系统化，还在班级内部形成了一种好的发展势头。

　　从课程雏形到初具势头，在一次次课程实践中，为了"造势"，我们也走入过误区，有过迷惘。就如初步探索阶段，我们对"小先生课程"进行了大力宣扬，让学生们保持对这一新生事物的关注度，的确在短时间内让"小先生课程"风靡一时。"我爱街舞"作为班级"小先生课程"的开山之作，形成了较大的热潮，使得以个人兴趣为开发点的课程不断涌现；手持翻页笔、头戴扩音器，"认识病毒"这一课程开创了新模式，"小先生"们纷纷有模有样地模仿起教师的授课姿态。综上所述，我们的确在班级内部造就了某种势头，但当时在这一势头的作用下出现了内容雷同、形式趋同的现象，使得"小先生课程"呈现乏味之态。

　　所谓"造势"，即让"小先生课程"在班级内部形成一种风尚或者是某种"舆论"力量,让"人人皆可讲""人人争相讲"的观念深入童心。因此,随着探索的深入,就如何有效"造势",我们摸索出了一条"可行之路":首先,需要正确"找势",锚定学生在申报"小先生课程"时的兴趣点与动机;其次,通过精彩"演势"赋予"小先生课程"以"光环",激发学生的积极性与创造性,包括为其提供专属的授课环境、便于互动的教室布置、生动形象的教学用具,或是象征荣誉的授课奖励,让学生明白他们才是课程的主体,从而对这一新生事物经历从好奇到摩拳擦掌,再到争相开讲的过程;最后再巧借"东风",为"小先生课程""造势",让学生明白创意丰富的课程不仅可以在班级内部开讲,更有机会走入年级、走向校园,引导学生对此心生向往,而非一时兴起,从而在班级内部形成持久的发展势头,促进"小先生课程"真正落地生根。

也许我们还想追问:"造势"后会不会导致学生"人云亦云"?事实证明,在这股势头的推动下,学生为了有意识地避免课程的"撞款",会产生更多的奇思妙想,在课程内容的编排上也会更加用心、更有创意。我们相信,通过实践探索,会不断迸发出新的举措,推动"小先生课程"进一步深入童心,形成经久不衰的热潮。

(张紫薇)

为了儿童生命的奔涌：
"小先生课程"实验报告

17 游戏可不可以进入"小先生课程"？如何处理好"课程与游戏""严肃与游戏"等关系？

一、游戏范式教学：课程融合的破界与重构

在"小先生课程"中引入游戏是否合适？答案是肯定的，但需要我们进行合理的设计和实施。在"小先生课程"中，游戏不仅可以进入课程，而且能够与严肃的学习目标紧密结合，形成一种有效的教学方式。然而，在引入游戏的过程中，如何平衡游戏的趣味性与学习的严肃性，避免过度娱乐化或流于表面，是教学设计中亟待解决的重要问题。

首先，游戏如何进入课程？正如"趣味足球"课程所展示的那样，学生们在教师的指导下自主选题，将足球作为"小先生课程"的主题，通过自主探索将足球引入了课程。在这一过程中，教师的指导起到了至关重要的作用，帮助学生将原本单纯、严肃的课程内容设计成一个兼具趣味性与教育意义的"严肃游戏"。

其次，在课程实施过程中，如何有效地将游戏引入教学？教师对"小先生"的方案设计进行持续反馈和引导，帮助他们将趣味元素融入足球教学，从而使整个课程变得生动活泼。例如，在"趣味足球"课程中，通过模拟游戏的形式讲解"越位"规则，学生们在互动中直观地理解了复杂的概念。这种设计不仅增强了学习的趣味性，也提升了学生们的参与度和理解深度。

最后，课程实施的效果如何？"趣味足球"课程的实施效果显著，学生们在轻松愉快的氛围中掌握了足球的基础知识与技能，增强了团队合作能力，并体验到了学习的乐趣。这也证明了在"小先生课程"中，游戏可以成为学习的一部分，不仅能够激发学生的学习兴趣，还能有效地达成教育目标。

综上所述,"小先生课程"可以通过合理引入游戏元素,在保持教育严肃性的同时,激发学生的学习兴趣,实现教育与趣味的双赢。

二、趣味足球实践:"小先生课程"的落地尝试

"趣味足球"是五年级 7 班"小先生课程"的一个成功案例,生动展示了如何将游戏与严肃学习有效结合。该课程的目标是通过有趣的活动帮助学生掌握足球规则与技巧,同时培养他们对足球运动的兴趣,增强体质,并增强团队合作意识。

在确定课程目标后,课程设计的第一步由"小先生"朱云泽、赵泳陈和张程晰在教师戴杨的指导下负责完成。教师戴杨在此过程中发挥了至关重要的引导作用,帮助学生明确了学习目标,并提供了有针对性的反馈,以确保课程内容符合教学要求。家长们协助制作 PPT 和进行课程试讲,而学校提供的专业足球教练则为课程内容设计提供了具体建议,以确保教学活动的专业性和趣味性。在各方的共同准备下,课程环节围绕趣味与学习并重的方式展开,确保学生既理解足球规则,又在实践中体验到足球的乐趣。

课程开始时,"小先生"们通过一段简短的视频和图文介绍,将同学们引入足球的世界。他们介绍了足球的起源,从中国古代的蹴鞠到现代足球的诞生与发展,使同学们了解了足球文化的悠久历史和全球影响力,这一环节既激发了学生的好奇心,也为后续的学习奠定了坚实的基础。

在规则讲解环节,三位"小先生"依次详细介绍了足球场地的布局、比赛规则和犯规行为。他们用互动和演示的方式,让原本枯燥的规则变得生动有趣。例如,在讲解"越位"规则时,"小先生"们设计了一个模拟游戏,几位同学扮演进攻方、守门员等角色,通过情景演示让其他同学直观理解复杂的规则。

趣味问答环节无疑是本次课程的亮点之一。"小先生"们精心准备了与足球相关的趣味问题,并设立了小奖品来激励同学们的参与。学生积极抢答,教室里充满了欢声笑语。这个环节不仅帮助他们巩固了知识,也在轻松的氛围中加强了同学之间的互动与合作。

为了儿童生命的奔涌：
"小先生课程"实验报告

在课程结束时，"小先生"们展示了几项足球的基本技巧，如传球、带球过人等，并组织学生分组练习。教师在此过程中进行了适度的反馈和引导，确保学生在练习中获得有效的帮助和建议。"小先生"们细致地为同学们纠正动作，示范如何在实战中运用这些技巧。通过这种实际操作，学生们不仅学会了基本的足球技术，还体验到了团队合作与竞争带来的乐趣。

值得注意的是，家长的积极参与也在此次课程中起到了关键作用。他们的支持与鼓励不仅增强了学生的成就感，还有效地激发了他们的参与动力。学生们在参与过程中，不断激发自我潜能与兴趣，真正实现了学习与游戏的有机结合。

三、教育本质回归：在趣味场域中实现全人发展

"趣味足球"课程的成功实施表明，游戏可以以一种严肃而有效的方式融入"小先生课程"，从而大大提升课程的趣味性，增强学生的参与意识和学习效果。这也说明了"课程与游戏""严肃与游戏"之间并非对立关系，而是可以相互支持、相辅相成的。游戏的设计和实施，应当为课程目标服务，使学生在"严肃游戏"中获得知识和技能。

要让"小先生课程"中的游戏元素持续发挥有效作用，必须依靠一些关键策略。首先，学校应提供多元支持和资源，为学生设计有意义的游戏提供保障。例如，在"趣味足球"课程中，学校邀请专业足球教练为学生提供帮助，教师在课程设计中不断提供指导。其次，教师在课程中须保持适度的反馈和引导，确保游戏活动与课程目标紧密结合，避免仅仅将游戏作为吸引注意力的手段，而要通过互动、规则和竞赛来深化学生对知识的理解。最后，学生和家长的积极参与也是关键，家长的支持与鼓励能够显著增强学生的成就感与参与动力，而学生在积极参与的过程中，可以不断激发自我潜能与兴趣。

通过家庭、学校、社会三方协同指导，"小先生课程"不仅能在形式上引入游戏，还能实现教育目标的严肃性和课程的趣味性的有机结合，最终实现激发学生兴趣与增强学习效果的双赢。

（戴　杨）

18 "小先生课程"可否等同于"才艺秀"？文化学科可否进入"小先生课程"的内容范畴？如果可以，怎样组织？

这个问题直指"小先生课程"在学科类教学活动中应该如何呈现的现实问题。"小先生"应该以什么角色介入教学活动？"小先生"使用什么手段和策略参与教学活动？"小先生"在教学活动中起到什么样的作用？这些都是我们必须思考的问题。

我们之所以提出这个问题，是因为目前"小先生课程"的组织形式，常常呈现出"才艺秀"的意味，比如展示一段自己擅长的歌曲、舞蹈、演讲、手工等，再将从网上下载的视频资料作为素材，带领同学们操作，这样课堂氛围得到了改善，同学们也"津津乐道"。但这样做的结果，仿佛就是将"小先生课程"的功能局限在某些学生的才艺展示上，而从表面上看，学生个性化的特点在实践中有了体现。但值得深思的是，这种呈现方式是否体现了"小先生课程"的真正内涵？我们通过"小先生课程"在"童话阅读课"中的具体实践，针对以上问题进行了具体探讨和实践。"小先生课程"可以根据课程进展，加入才艺内容，但它不完全等同于"才艺秀"，任何才艺在课程实施的过程中，都是与课程目标和学生的探索紧密相关的。那么，在文化学科中，"小先生课程"的具体实施内容和组织形式是什么？这需要我们进一步研究和探讨。

二年级语文"读读童话故事"的任务，激发了很多学生的兴趣，有的说："我读过很多童话故事。"有的说："我最喜欢看童话了，特别是《格林童话》。"可是也有学生对阅读兴致不高，完全不参与讨论。可见，关于阅读，学生中存在明显的差异性。怎么发挥那些善于阅读、

为了儿童生命的奔涌：
"小先生课程"实验报告

识字量多又热情高涨的学生的优势？如何引导阅读困难学生达到学习目标？以"小先生课程"撬动学生发展的意识水到渠成。这些在阅读方面认真积极的学生，不正是一位位各显神通的"小先生"吗？

一、课前选拔，确定目标

课程实施前，教师设计了一份调查问卷，主要包括以下三个方面的问题：

1. 如果全班同学要完成阅读童话的学习内容，你该怎么做才能保证每个同学都爱上阅读，完成阅读任务？
2. 你读过哪些童话故事？你怎样安排自己的阅读时间？
3. 有些同学的阅读量很大，如果让他们成为"小先生"帮助同学阅读，你觉得谁能成为"小先生"？

调查问题发出后，同学们积极响应："'小先生'应该是最喜欢看书的人""'小先生'应该是比较爱说话的同学""'小先生'要认识很多字"……很快，"小先生"就被顺利选出来了，他们分别是阅读"小先生"、识字"小先生"、讲述"小先生"，各司其职（表18-1）。

表18-1 "小先生"的职责

	阅读"小先生"	识字"小先生"	讲述"小先生"
姓名	李霞、陈旭	丁宁橙、肖蕾蕾	米月影、程均
职责	负责童话故事导读；组织全班同学进行朗读；帮助本小组同学完成阅读任务	负责发现和纠正同学们阅读时的读音、字词错误；帮助识字量少的同学识字；帮助本小组同学完成阅读任务	负责童话故事阅读教学过程中角色扮演活动的组织；帮助理解能力差的同学阅读故事；帮助本小组同学完成阅读任务

班里同学讨论热烈，虽然嘴上说着推荐别人，其实每名同学都想成为"小先生"。结合讨论，班上选出了六名阅读活动"小先生"，他们针对"如何开展童话故事阅读活动"进行了内部讨论，提出了各自的观点。

阅读"小先生"说班里很多同学不喜欢阅读,他们甚至没有读过童话故事。识字"小先生"认为应先选几篇大家都喜欢的童话故事,利用课间时间,带着同学们一篇一篇阅读,先让他们喜欢读书。讲述"小先生"觉得可以通过开展童话故事表演活动来帮助同学们理解故事内容。

教师及时介入,引导"小先生"们想一想:通过一次阅读课,他们能帮助组员们学到什么本领,完成什么任务?

最终,"小先生"们决定从四个方面来准备课程:组员有哪些阅读困难?童话故事怎么阅读?小学生能阅读什么童话故事?他们需要完成哪些阅读任务?结合讨论结果,他们进行了备课,并通过思维导图的方式将备课内容呈现出来(见图18-1)。

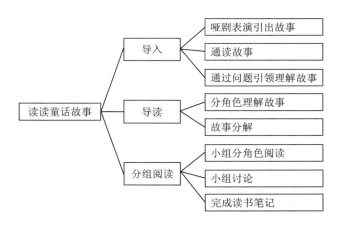

图18-1 "小先生"备课内容思维导图

"小先生"们的产生及他们做的前期准备,激发了学生对自己能力、学习现状及成果的自我分析,同时也通过榜样的树立,激发了其他学生的主动学习的意愿。通过引导"小先生"们主动分析和架构课程及寻找解决问题的方式,可以进一步鼓励他们自我发现和主动成长。"小先生"们自发的前期讨论和创建思维导图的准备活动,让我们发现他们有着惊人的逻辑思维能力和团队协作精神。

为了儿童生命的奔涌：
"小先生课程"实验报告

二、课中引领，聚焦成长

结合前期的讨论，《三只小猪》主题阅读活动，正式拉开帷幕。

导入：四位"小先生"在讲台上通过哑剧表演的形式呈现了一个故事片段，请同学们猜一猜今天要阅读的童话故事是哪一则。阅读前，李霞带领同学们先对整册图书进行了解。她请同学们先观察封面图片，从而推测故事内容。

（一）通读故事，问题引领

肖蕾蕾代表"小先生"们通读故事，在阅读的过程中，她还刻意把握节奏，时而停顿，时而紧张，引人入胜。同学们都听得津津有味。通读故事后，"小先生"们结合故事内容，通过问题引导了一轮讨论。李霞启发大家谈一谈读完故事后的感悟。有的同学说："懒惰的人不会有好结果，而勤劳的人总是能过上幸福的生活。"有的同学说："我发现一家人只有团结才能对抗危险。"还有的同学发现，质量好和安全的房子需要的建造时间也比较长，有毅力的人才能完成。

经过导读、讨论，班里的晨读和课间阅读氛围更加浓郁，特别是"小先生"们的带导热情更加高涨，在每次的阅读活动中，他们都会有新的发现和新的探索，问题讨论得越来越深入，也越来越具有引领性。

（二）分角色导读，加深印象

"小先生"们对故事进行了分角色阅读，所有的"小先生"都参与进来。在分角色阅读的过程中，每位"小先生"的阅读风格和阅读节奏都有鲜明的特点，充分体现了角色的内涵，让整个阅读活动显得精彩纷呈。

分角色阅读后，李霞、陈旭、肖蕾蕾三位"小先生"对"三猪的房子被大灰狼吹跑""二猪的房子被大灰狼吹跑""大猪的房子怎么吹也吹不倒"三个重复却又有着区别的情节进行了比较阅读活动。

三、分组阅读，呈现效果

在对故事有了一定的理解之后，米月影同学组织大家进行分组阅读。她告诉大家，阅读童话，除了读懂故事，还应关注童话人物。接着，她出示了一份读书笔记，要求每个小组的成员在阅读童话故事时，认真思考，完成阅读笔记（表18-2）。

表 18-2 童话故事阅读笔记

小组：			
童话故事名称		作者	
出版社		页码数	
作品风格	□文字　□图画	主要角色	
角色性格			
故事内容	（结合童话故事内容，各组讨论完成一份关于主要角色的故事提炼）		
我们的发现	（可以用文字、图画、符号等任何形式来表达发现和感受）		

阅读笔记极大地增强了学生的阅读热情，通过小组合作，他们发现大家对同一则故事有着不同的理解，这拓宽了他们的视野，也提升了他们的观察力和理解力。

四、课后辅导，巩固成果

经过一段时间的实践，"小先生"们的导读活动成效颇丰。同时，也仍然存在着一些具体的问题。比如受识字量的影响，很多同学还是不愿意主动阅读，他们宁愿"听"故事，也不愿意主动找书看。针对这种现象，"小先生"们除了完成各自的导读任务，还热衷于源源不断地向班级推荐童话故事书目，主动与有阅读困难的同学组成一对一的帮助小组，真正发挥了"小先生"的作用，营造了班级阅读氛围，维护了班级阅读秩序。

实践充分证实了，"小先生课程"设计和实施的主旨不是鼓励部分

为了儿童生命的奔涌：
"小先生课程"实验报告

学生进行才艺展示，也不是借部分学生的才艺展示来为课堂添砖加瓦；而是发现学生自主学习和探究的意愿及能力，将其合理运用在各类学科的教学过程中；充分利用学生的个性化优势，既体现教学的整合性、严谨性，又体现教学的丰富性和层次性；发现不同学生的长处，实现教学相融、教学相长。

我们可以看出，要避免"小先生课程"在学科类课程中仅仅以"才艺秀"的形式呈现，努力发挥"小先生"们在教学活动中的作用，学校需要从以下几点入手。

其一，学校应该提供充分的教学研究和集体备课的机会，创设宽松、适宜的研讨环境，为教师们提供更多、更有指导性的研讨话题及专业支持；年级组教师应多次展开研讨，充分交流有效经验。

其二，教师要对学生进行充分观察，以开发他们的自主性和探究性为目的，选择适宜的时机介入活动；同时，提供丰富多样的活动形式、材料，为"小先生课程"的活动设计及实施保驾护航。例如，在"童话阅读课"实施过程中，班级教师在物理环境、人文支持上都做了充分的调度，给"小先生"团队提供了充分的实践机会。

其三，家校合作，携手共进。在"童话阅读课"实施过程中，家长们纷纷为学生提供阅读素材，甚至带学生们去参加专业的读书会，在帮助学生们形成良好的阅读习惯、激起他们的阅读兴趣方面起到了积极的作用。

综上，"小先生课程"和"才艺课"有相通之处，又不能被完全画等号。"小先生课程"在各学科中都能起到重要的作用，并且有独具特色的组织形式。

（喻　畅）

19 小学生"游戏课程"的最高形式之一是"自创游戏",如何引导或组织他们开发、呈现"属己的原创课程"?

小学生"游戏课程"以游戏为抓手,让学生"立于中央",由他们个人或者团体设计游戏,并组织同伴一起玩耍。在当今教育体系中,创新能力和自主学习能力的培养越来越受到重视。小学生正处于身心发展的关键时期,引导他们开发"属己的原创课程",不仅有助于激发他们的学习兴趣,还能培养他们的创造力和实践能力。

儿童需要游戏,而游戏也反映了儿童的需要。心理分析理论认为,象征性游戏和想象游戏具有宣泄的功能,可以帮助儿童处理内心深处的情绪问题,以及内在的冲突和焦虑。游戏能使儿童控制自己的行为,理解和接受来自现实世界的限制,并进一步发展自我和现实感,所以说游戏具有教育和发展功能。

所谓"自创游戏",是由参与者自己设计规则、内容甚至是道具的一种活动形式。对于小学生而言,这意味着他们将有机会从零开始构建一个完整的项目。让学生参与游戏的设计过程可以极大地增强他们对所学知识的兴趣。

但是在日常教学活动中,一般先由教师设计适合学生的游戏方案,然后组织学生进行游戏。那么,在学生没有接触过这类课程的情况下,教师应如何引导或组织他们开发、呈现"属己的原创课程"?

下面我们就以四年级"小先生课程""螃蟹背西瓜游戏"的申报和实施为例展开论述。

首先,教师在课堂上,针对小学生"游戏课程"的"自创游戏"项目,进行解释并鼓励学生参与申报(表19-1),并给学生一周到两周的时间准备。"自创游戏"项目是一个既富有挑战性又充满乐趣的过程。在设计过程中，学生需要考虑到多个方面以确保游戏不仅好玩，而且安全、公平。

表 19-1 "小先生课程"申报表

申报人	[单个人或者多人组合（2~6 人）]
游戏名称	（贴合游戏的名称）
游戏目的	（明确游戏的目标是提高某项身体素质、技能或者是培养相互配合的能力）
场地器材	（尽量选择已有的器材，或者无需器材）
游戏方法	（确保描述简洁全面，遵循"一看就懂、一听就会"的原则）
游戏规则	（确保游戏的安全性、适应性、公平性）
安全注意事项	（首要任务是保证所有参与者的人身安全，仔细考虑游戏规则及所使用的器材是否可能造成伤害，并采取适当措施来避免或减轻潜在风险）
游戏适应人群	（明确游戏适合四年级学生，考虑如何让不同水平的人都能享受这个游戏）
趣味与创新	（思考怎样才能让你的游戏与众不同且吸引人，可借鉴现有运动项目中的元素但加入自己的创意，比如结合两种或多种已知运动的特点创造出全新的玩法）

其次，教师将"小先生课程"申报表发在班级群内，让家长了解该项课程的结构，从家长层面鼓励学生参与，并协助学生设计选题、填写申报表，并利用课间、午休时间，询问进度，解答学生的问题。如果有学生提前完成申报表填写，教师会对其申报内容进行初步的评价。例如，该游戏是否适合四年级学生玩耍？游戏安全如何保障？课堂中如何组织实施游戏？游戏是否找伙伴实践过，如何进行调整和优化？

再次，教师收集学生申报表，安排上课时间，并在上课前询问学生是否准备好及打算如何组织上课，及时给予教学建议。

最后，教师将学生的上课表现及图片上传至班级 QQ 群相册，让家长看到学生的展示效果。

开展"自创游戏"活动不仅可以丰富小学生的课余生活，还能在寓教于乐中实现对其综合素质的有效提升。结合"小先生课程"的申报和实施的过程，针对引导或组织学生开发、呈现"自己的原创课程"，我们有以下几点建议。

1. 明确课程目标

首先，要明确课程目标。教师需要与学生共同讨论，确定游戏课程的目标。"小先生游戏课程"的目标是通过"自创游戏"，提高学生的逻辑思维能力和团队协作能力。教师是观察者、指导者，不是主导者。只有明确了目标，学生才能在开发过程中有方向地前进。

2. 提供必要资源

为了确保活动顺利开展，教师与家长要给予学生必要的支持与指导。例如，教师应提供学生需要的器材；家长应鼓励学生参与申报，辅助学生完成申报表的填写。学生的教学组织与语言阐述也需要教师与家长的辅导。

3. 分组合作与交流

每个学生都有自己的兴趣和特长，这是他们开发原创课程的重要资源。鼓励学生分组合作，不仅可以培养他们的团队协作能力，还可以在小组讨论中激发出更多的创意。每个小组可以围绕一个主题进行讨论和创作，再与其他小组分享交流。

4. 提供反馈和指导

在学生创造的过程中，教育者的角色是提供指导和反馈。他们应该及时对学生的作品进行评价，指出其优点和需要改进的地方；同时，要鼓励学生接受建议，并根据反馈进行调整。

5. "小先生"课堂展示

教师在"小先生"课堂展示中扮演着辅助者的角色，上课前，与学生沟通协调，确认 PPT 能否播放；与家长对接课堂所需器材，确保课堂顺利进行。课堂上，教师不仅协助维持课堂纪律，还巧妙地引导其他学生适时地以掌声鼓励，营造积极互动的氛围。课堂中，"小先生"紧张了，望向教师时，教师要及时给予其鼓励，增强其自信心。课后，教师要夸奖上课的"小先生"，并跟他反馈上课需要注意的地方。对于

为了儿童生命的奔涌：
"小先生课程"实验报告

"小先生"的课堂展示，教师应以鼓励为主，增强学生的自信心，让学生喜欢上展示自己。

6. 建立评价机制

教师应通过同伴评价、家长评价等方式，评估"小先生"的教学效果。评价不应只关注结果，还应关注过程，关注学生的努力和进步。

7. 家长和社会的支持

教师要让家长和社会了解这种教育方式的重要性，争取他们的支持和参与。教师可以通过家长会、社区活动等方式，让家长和社会成员了解学生在"属己的原创课程"中的进展和成果。

教师在引导小学生开发和呈现他们的原创课程的时候要注意方式方法，多鼓励学生重在参与，体会过程。这种形式能提升学生的创造力和自我表达能力，丰富学生的学习体验，还能为他们未来的学习和生活打下坚实的基础。

（房蒙蒙）

20 要不要、又如何进行"课程审议"?

课程审议是通过商议的方式凝聚集体的智慧,对课程中出现的问题进行分析、判断和决策。课程审议贯穿课程建设的全过程,包括确定教学目标、制订教学计划、选择适宜的教学方法、评估教学效果等。对以学生为主导的"小先生课程"有必要进行课程审议吗?这些复杂的分享、繁多的要求,以及教师的放权赋能到底是给"小先生"带来帮助还是制造困难?

再者说,一般课程审议是三级联动机制:个人—班级—集体。那么在班级"小先生课程"里,我们应以什么切入点进入审议研讨?怎样明确课程实施过程中各主体的责任?如何进行贯彻落实以达到最初目的?

若将"课程审议"比作实践的"拐杖",让它能真正落地,还需要对其进行全方位、多角度的解析。

在班级"小先生课程"最初选题时,教师给学生提供的意见是鼓励其基于自身兴趣或特长来设计构思。这种"实践性学识"虽部分依存于有限的经验性知识,但异常生动丰富,充满弹性的功能性知识;虽较之"理论性学识"缺乏严密性和普适性,但符合儿童的自身特点,易于激发其兴趣。

随着时间的推移,教师发现这种基于"实践性学识"的课程已经不能满足部分学生的知识需求,对于"小先生"来说更是像遇到了瓶颈。恰好"小先生"孙墨菀要上关于六角恐龙鱼的课程,教师便基于中段学生的年龄特点、经验点、兴趣点、生长点来提取"小先生"的主题经验,与她共同挖掘教育价值。后来,她改变了课堂教学目标,巧妙地融合了自然科学、生物多样性、环保教育及宠物养护知识,准备构建一堂综合性的"小先生课程"。

为了儿童生命的奔涌：
"小先生课程"实验报告

把握主题内容后，接下来便是遵循中心思想，对主题脉络进行重组。比如课堂导入环节，孙墨菀以思考"恐龙和鱼的结合"为切入口，打开学生们的想象大门；以猜测物种繁衍的方式，激发同学们的好奇心。在生物特征学习环节，为了让环节不零碎、知识点不生硬，她以视频导入，呈现鲜活生动的画面；再以问答的方式，结合视频内容，梳理六角恐龙鱼的生理结构、多样的体色、幼态延续等知识。这些做法在减轻"小先生"的授课压力的同时，将学习与巩固融为一体，最大限度地提升学生学习阈值。"小先生课程"绝非一个人的事情，需要多人参与。比如为了选出更贴切、更适用的视频，孙墨菀及其家长都与教师进行了商讨。值得注意的是，选择的过程不是一方的决断或是一意孤行，而是需要在理论和实践层面提供可行论据。

孙墨菀也在逐步的交流中，学会以课程理念为中心，重组时间、空间。教师放权赋能，提高学生参与课程的积极性。教师既已"放权"，就要"支持"，最大限度地发挥学生在"小先生课程"实施中的积极性、主动性、创造性，引领学生获得从"敢做"到"做好"的阶梯式发展。孙墨菀本打算用视频教学六角恐龙鱼的繁殖方式、食性、变态过程，但她革新教学方式，以出示实物的方式，亲自示范并讲解如何正确饲养六角恐龙鱼。这样一来，其他学生的实践感知和情感投入大大增强，教学环节也变得自然，学生持续的课堂专注度也得到了保证。要知道，之前的"小先生课程"有时若环节把控不到位，秩序就变得较差，需要教师帮助维稳，这样也就使得"小先生课程"变了味。

在"小先生课程"的课后作业方面，孙墨菀设计的是通过制作手抄报、进行口头报告、撰写观察日记展示学生对六角恐龙鱼的认识成果，同时也检验他们对课程内容的理解程度和创造性表达能力。这种分层的作业方式由易到难，有梯度，能使课堂延续到课外，实现了从"上"到"下"，由"面"及"点"的探索路径。

最终的课堂效果是超出预期的，孙墨菀还参与了年级优秀"小先生课程"的展示。

现在回顾课程始终，我们发觉，课程审议早就存在于"小先生课程"之中，这是一个追随课程适宜性的过程。它既是"小先生课程"中的重要组成部分，也能有效激发学生的潜能。

"小先生课程"的课程审议在审什么？结合孙墨菀的课程，我们觉得：一审儿童经验，即是否提取学生的主题经验，能否挖掘教育价值；二审主题内容，即内容是否合理，中心思想是否鲜明；三审课堂流程，即环节是否有序自然，能否保障学生的畅学；四审学习方式，即是否革新教与学的方式，能否有自主性和选择性。

综上，课程审议的工作绝不只存在于筹备初期，而是贯穿"小先生课程"的始终。这是一个动态调整的过程，是引导学生主动、深入、创造性学习的过程。

（王浠麟）

为了儿童生命的奔涌：
"小先生课程"实验报告

21 要不要、又如何组织"小先生"的"实习"或"预演"？

　　孩子领到"小先生"的任务之后，除了兴奋，可以说什么也不会。在前期准备中，肯定少不了家长的助力，从上课主题的确定、上课材料的准备到课件的制作，可以说，家长和孩子一定会为了上好这堂课拼尽全力。那要不要组织"小先生"进行实习呢？答案是肯定的。很多教师都有带实习教师的经历。作为师范生的实习教师，必须经过写教案、修改教案、模拟上课等步骤，才能站到课堂上，而且课堂效果还不一定很好。有的实习教师会被课堂中出现的各种状况打乱了课前的各种美好设想，从而变得手足无措。对于一个小学生来说，"小先生课程"不同于以往的小组展示：课是什么？要怎么备课？要怎么上课？怎么跟同学进行互动？这些都需要"小先生"在实习预演中摸索、体会。

　　我们班的"小先生"李政谦，活泼、热情、勇敢、自信，对于学校里的各种活动，他都会积极参与。记得某次集体晨会，校长鼓励全校同学积极参加"小先生课程"，他便迫不及待地报了名。我当时没有深入了解"小先生课程"，也觉得跟之前的小组汇报差不多。可是当领到"小先生课程"申报表的时候，我意识到"小先生课程"跟小组汇报还是不一样的。李政谦看到申报表的时候，更是满脸困惑。课程名称选什么？课程开发重点、课程开发价值、课程开发过程，这些对于大人来说都有一定难度的名词，容易吓退孩子。但是，李政谦是个不服输的孩子，虽然有点迷茫，但是他没有打退堂鼓的意思。他问我："张老师，我该教同学们什么呢？"我和他一起梳理了他的各种爱好和特长，他喜欢骑单车、打网球、玩无人机、做茶艺……听到茶艺，我眼睛一亮，这个爱好挺特别的，他这么个大男孩居然喜欢茶艺，再结合弘扬传统文化、坚定文化自信这些主导思想，我和他达成共识，就上"长嘴铜壶"这一课。确定好课程名称，接下来就是课前准备了。"小先生"利用周末去找铜壶老师强化铜壶技能训练，搜集和整理茶艺资料，制作课件。很快就迎来了"小先生课程"的首秀，"小先生"首先通过PPT向同学们介绍茶艺、长嘴铜壶，在图片和视频的助力下，同学们听得津津有味，很多学生对茶艺产生了浓厚的兴趣。到了长嘴铜壶的展示和体验环节，台上的"小先生"时而帅气、时而优雅地摆弄着长嘴铜壶，台下的同学们目不转睛地欣赏着，一个个跃跃欲试地想要上台体验一把。就这样，一堂茶艺课顺利完成了。"小先生"自我感觉很好，家长看到孩子的表现也很满意，学生们被有趣的内容吸引了，也觉得这堂课上得很好。从教师的角度，我觉得这堂课主题明确、重点突出、手段丰富，算是一堂成功的课了。

2024年4月，学校举办了崇川区教育系统课程"崇德·卓越"校长办学思想与实践展示活动，我们班"长嘴铜壶"课程从众多"小先生课程"中脱颖而出，李政谦作为"小先生"的代表面向全区各个学校的校长开课。对于这堂"区级公开课"，沈蓉校长特别重视，她组织了几位专家老师来帮"小先生"磨课，从教态教姿、上课语言、上课过程等多方面对他进行打磨。经过几次试教，"小先生"上课的教态教姿提升了，站在讲台上不那么左摇右晃了；上课语言精练了，"嗯""啊""然后"等口头禅没有了。第一次上课的时候，"小先生"讲得很好，表演得也不错，但是缺乏师生互动。打磨后的课，更加凸显了学生主体，师生之间的互动增多了。通过小李老师的传授，有些同学也成为当堂课的"小先生"。活动当天，小李老师和他的学生们所上的"长嘴铜壶"课程获得了与会专家的好评。台下的校长们看了面带笑容、频频点头，坐在我旁边的一位校长说："哎哟！这个'小先生'真不错，有模有样，课堂表现力比有些年轻老师还强。看来城中小学的'小先生课堂'不是表演，而是常态化的课程。锻炼过的孩子真是不一样。"课后，我问李政谦："这次公开课和第一次'小先生课堂'相比有什么不一样？"他说："上一堂课真不容易，上好一堂课更不容易。通过这次公开课，我知道了毛坯和精品的区别。"

给我一个支点，我能撬动地球。给孩子们一个支点，他们撬动了很多课堂！通过"小先生课程"的实施，我真真切切地感受到了孩子们的变化。很多孩子在上"小先生课程"之前，热情满满，耐心不足；想法多多，恒心不够；认真、顶真，但是胆怯。上课之后，孩子们的沟通技巧提升了，组织能力提高了，领导能力显现了。

"小先生"们通过课前的预演，打磨了课程，也打磨了他们的个性，由此可见"实习"或"预演"的必要性和重要性。作为教师，我在这个过程中也体会到了"牵手、握手、放手"的智慧与魅力。起初，我们紧紧"牵手"，耐心地引导，一步一步教他们认识课程，从最基础的开始，让孩子们感受到坚实的依靠。随着孩子们逐渐适应，我们转为"握手"，陪伴在旁，给予他们支持与鼓励，与他们一同探索课程的乐趣，分享每一次进步的喜悦。最终，我们选择"放手"，相信他们已经拥有独立前行的能力，让他们在知识的海洋中自由遨游，勇敢地去探索、去发现，在自己的课堂上绽放属于自己的光芒。

（张　蔚）

22 "小先生"万一临阵怯场,该如何"救场"?有没有必要对他们进行"贴近保护"?

在学习的舞台上,"小先生"们勇敢地站出来分享知识,然而怯场情绪常常如影随形。那么,如何有效缓解"小先生"的怯场情绪呢?我们可以从以下几个方面来尝试"救场"。

第一,情感支持。在"小先生"上台前,教师与同伴可以与其进行简短而温馨的对话:"你准备得很充分,相信自己,我们都在这里支持你!"这样的话语能够给予"小先生"情感上的安全感。

第二,即时指导。在"小先生"演讲或展示的过程中,教师或同伴可以在旁用眼神交流、点头或轻声提醒等方式给予他们即时指导,帮助他们保持自信,调整语速或内容。

第三,模拟演练。在正式活动前,多次组织模拟演练,让"小先生"在类似真实环境的场景中反复练习,教师和其他学生在旁观察,及时指出需要改进的地方,并给予积极的反馈和建议。

第四,心理调适培训。为"小先生"们开展心理调适培训,教他们如何在紧张的情况下通过深呼吸、正念冥想等方法快速平复情绪,保持冷静和自信。

第五,正面激励。"小先生"完成展示后,无论他们表现如何,都给予其正面的激励和反馈,强调他们的努力和进步,让他们感受到自己的价值和成就。

一天下午,随着悦耳的上课铃声响起,一周一次的"小先生课程"又要开始了。

明亮的教室里,阳光透过窗户洒在课桌上,同学们的目光都聚焦在讲台上的"小先生"身上。这次的"小先生"是小天同学,他聪明活泼,还有点调皮,平日里成绩优异,喜爱读各种类型的课外书,尤其喜

为了儿童生命的奔涌:
"小先生课程"实验报告

欢历史、科普类读物。在前几次的"小先生课程"上,小天看到"小先生"们站在讲台前和同学们侃侃而谈很是羡慕,但是又担心自己会讲不好。后来,在爸爸妈妈的鼓励和老师的激励下,他终于鼓起勇气报了名。

小天尤其喜欢与恐龙相关的知识,购买、借阅、订阅了很多有关恐龙的书籍,因此小天基于自己的学习和理解,选择了"研究古生物来了解人类文明和探索世界起源"这一主题,打算从"恐龙的主要特征""恐龙的分类""恐龙化石研究""恐龙之最""恐龙灭绝的原因"等方面进行讲述。他希望一方面通过自己的知识积累给同学们讲课,让大家更容易理解和学习;另一方面,讲述恐龙的种类、形态及生活习性、灭绝原因等知识,让大家将这种探究延续到课外,培养大家对恐龙知识的持久兴趣,激发大家主动探索大自然奥秘的热情。

课前,小天进行了充分的准备,撰写了厚厚的一沓讲稿,在爸爸妈妈的帮助下制作了生动有趣的PPT,还在家里请爷爷奶奶、爸爸妈妈当听众演练了几遍。此刻,他自信满满地走上讲台,手中拿着精心准备的讲义,眼神中闪烁着期待。

可是,当小天真正站在讲台上,面对全班同学好奇、审视的目光时,一种莫名的紧张感突然涌上心头。他的心跳开始加速,仿佛能听到自己的心跳声在耳边回荡。一向能说会道的他,喉咙变得干涩,想要说话,却发现声音似乎被卡在了喉咙里。他的脸涨得通红,手不自觉地颤抖着,手中的讲稿也仿佛变得千斤重。

小天努力地想要控制自己的情绪,只见他深吸一口气,试图让自己平静下来。然而,那种紧张感如影随形,怎么也挥之不去。他开始怀疑自己的能力,担心自己会出丑,害怕同学们会嘲笑他。他的脑海中一片混乱,原本清晰的思路也变得模糊不清。

在这个紧张的时刻,时间仿佛凝固了。小天站在讲台上,如同一个被困在孤岛上的人,无助而迷茫。他看着台下同学们期待的眼神,心中充满了愧疚和焦虑。他想要放弃,想逃离这个让他感到无比压抑的地方。

这时，老师看出了小天的紧张，对同学们说："让我们用掌声鼓励小天，我相信他一定能够圆满完成今天的授课任务。"台下响起了同学们如雷般的掌声。小天的眼睛里透露出惊讶，他又把目光投向了老师。老师用肯定的目光看着他，对他说："小天，你能勇敢地报名并站上讲台就已经很棒了！而且课前你已经做了充分的准备，老师相信你一定能行！"老师的话音刚落，教室里又一次响起了同学们的掌声。

小天逐渐平静下来，他再次深吸一口气，努力地调整自己的心态。他默默低下头，看着手中的讲稿。

片刻后，小天慢慢地抬起头，看着台下的同学们。他的眼神中不再有恐惧，而是充满了坚定和自信。他开始用颤抖的声音讲课，虽然声音不大，但充满了力量。随着讲解的深入，小天的紧张感逐渐消失了，他的思路也变得越来越清晰。他开始流畅地表达自己的想法，用生动的例子和简洁的语言让同学们理解。看到讲台下同学们求知的目光，他还和同学们进行了问答、互动。在讲课过程中，老师多次引导小天："关于这个知识点，你再引申给同学们讲一讲呢！"渐渐地，小天越来越自信，能够基本脱稿将自己知道的恐龙知识不断拓展延伸，并讲给同学们听，远远超出了自己准备的讲稿本身包含的内容。

不知不觉中，下课铃声响了起来，小天成功地完成了这次"小先生课程"的讲授。台下再次响起了热烈的掌声，同学们的眼神中充满了敬佩和赞赏。老师也微笑着望向小天。小天的脸上露出了灿烂的笑容，他知道自己战胜了怯场，也战胜了自己。

通过此次"小先生课程"，小天学会了如何将自己学到的知识清晰准确地讲述给同学们；知道了作为"小先生"应该怎么激发同学们的学习和探究热情；懂得了做老师需要更多的知识储备和能力储备，只有这样才能在课堂上游刃有余地和同学们互动；体会到了对于每一堂课都要做好充分的准备。

"小先生"的怯场经历，是成长路上的一道坎。但正是通过这样的经历，"小先生"们学会了勇敢面对困难，学会了控制自己的情绪，学会了在压力下保持冷静，坚定地相信自己的能力。他们用自己的行动诠

为了儿童生命的奔涌：
"小先生课程"实验报告

释了勇气和坚持的意义，也为我们树立了榜样。

缓解"小先生"的怯场情绪需要多方面的努力。除了本章开头时提到的内部支持，还有以下几种外部支持。

第一，师长的指导和鼓励。教师在"小先生"准备的过程中应给予专业的指导，帮助他们完善讲解内容和方法。例如，指出讲解中的重难点，提供更好的表达方式和例子。在"小先生"怯场时，教师应及时给予他们鼓励和支持，可以通过微笑、点头、肯定的话语等方式，让"小先生"感受到教师的信任和鼓励。例如，教师可以说"别紧张，你做得很好""慢慢来，我们都在支持你"等。家长的支持也很重要。"小先生"可以和家长分享自己的紧张情绪，家长的理解和鼓励会让"小先生"们感到温暖和安心。

第二，同伴的协助和反馈。同伴可以在准备过程中与"小先生"一起讨论和练习，提供不同的观点和建议。例如，双方可以一起分析讲解内容，互相提问和回答，帮助"小先生"发现自己的不足之处并加以改进。在"小先生"讲解后，同伴应给予积极的反馈和评价，让"小先生"了解自己的优点和取得的进步，增强自信心。例如，同伴可以说"你讲解得很清楚""这个例子很生动"等。

第三，创造良好的环境。营造轻松、友好的氛围，让"小先生"在讲解时感到舒适和放松。例如，教室的布置可以更加温馨，同学们的态度可以更加友好。此外，教师还应控制讲解的时间和难度，避免给"小先生"过大的压力；并根据"小先生"的实际情况，合理安排讲解任务，让他们能够在自己的能力范围内完成任务。

我相信通过充分准备、调整心态和外部支持，"小先生"们一定能逐渐克服怯场，在知识的分享中绽放自信的光芒，勇敢地迈向成长的新征程。

当"小先生"不一定要保证成功，学习是过程，失败也是成长的一部分。如果失败了，"小先生"要正视问题，分析原因，从失败中学习，调整方法再尝试。

当"小先生"失败时，可以采取以下调整教育心态的方法：

第一，接受失败是正常现象。首先要认识到，失败是学习过程中的一部分，是成长不可或缺的经历。教师和"小先生"本人都应以平和的心态接受这一事实。

第二，分析失败原因。教师应与"小先生"一起分析失败的具体原因，找出问题所在，这有助于明确改进的方向，避免重复犯错。

第三，鼓励积极面对。教师应鼓励"小先生"从失败中汲取教训，保持积极向上的心态，并让他们明白，失败并不可怕，关键是如何从失败中站起来，继续前进。

第四，提供具体支持。教师应根据失败的原因，为"小先生"提供具体的帮助和支持，包括学习资源的推荐、学习方法的指导等。

第五，培养心理韧性。教师应培养"小先生"的心理韧性，让他们学会在挫折面前保持坚强和乐观，可以通过分享成功人士面对失败的经历来激励他们。

第六，反思教育方式。教师也要反思自己的教育方式是否存在不足，是否有更好的方法来帮助"小先生"面对失败，从而调整自己的教学策略。

当"小先生"成功时，教师应给予适度表扬，强调努力过程；失败时，应鼓励"小先生"进行总结，积累经验，从失败中学习和成长。无论成败，"小先生"都应树立正确的竞争观念，保持积极向上的态度，培养坚韧不拔的精神。

（陈　玥）

为了儿童生命的奔涌：
"小先生课程"实验报告

23 "小先生"是否可以是一个"群组"？内部关系怎样？又如何处理？

一、内容初探——"小先生群组"存在的可能性与潜在挑战

"小先生课程"的设置旨在通过"教人者教己"的方式激发学生的自觉性和主动性。因此，"小先生"既可以是独立的个体，也可以是基于合作小组的形式存在的群组。群组成员在小组中针对某一问题或主题，各自承担一定的研究和教学任务，共同协作，分享自己擅长的知识或技能。这一模式不仅强调学生的自主学习和创新能力，还将小组合作视为课程开发的核心动力。通过组队，"小先生"们能够集思广益、优势互补，密切合作、协同配合，共同探索知识的奥秘，开设属于自己的课程。

"小先生群组"在合作过程中如何保证各司其职、有效合作，避免"搭便车"或是"大包大揽"等行为，仍是值得探究的问题。"小先生课程"以群组形式开设也面临一些潜在的挑战。

（一）团队协调难度

管理和协调一个团队相对复杂，需要"小先生"们具备一定的领导力和团队协作能力。小学阶段的孩子年龄尚小，自我意识强，如果团队成员之间缺乏默契和配合，可能会导致课程效果不佳。

（二）课程资源分配与利用

在团队课程中，如何合理分配和利用课程资源是一个重要问题。如果团队成员在资源分配上存在分歧，也可能会影响课程的顺利进行。

二、实例探索——"小先生"组队课程的多种类型与生动实施

"小先生群组"的想法一经提出，便在我们班产生了热烈反响。甚至一些平时内向、胆小的学生有了伙伴"打头阵"，也跃跃欲试。课前，学生们会利用课余时间，商讨组队人员，精心准备，甚至放学后还会聚集到其中一位团队成员的家中，共同探讨课程模式，排练和熟悉流程。

（一）助教上阵，助力课程

三年级时，我们班爱音乐、爱舞蹈的女生小锐发挥自身特长，经自我考虑和与家人商量后，想要开设"大梦想家"手指舞课程。在课程准备过程中，小锐同学为力求保证课程质量和教学效果，邀请了小伙伴小葛、小洋为自己的课程助力。在小锐的组织领导及小伙伴们的共同协商下，她们很快确定了各自的分工：小锐同学是课程开创者，也是主讲人，负责带领同学们在视频的演示下分解动作，一边讲解要领，一边进行肢体演示；小葛同学擅长肢体表达，她负责站在教室中后方进行动作演示，方便离讲台较远的同学看清分解动作；小洋同学有较强的管理能力，负责巡视过道，维持课堂纪律，同时纠正同学们做得不标准的动作。有了有力的组织领导，有了助教小伙伴的倾力支持，有了明确的课程分工，三个小伙伴一起备课，精心排练，默契配合，完美呈现。最终，这一团队课程也在 2024 年南通市城中小学六一儿童节活动"小先生课程集市"中精彩亮相。三位"小先生"在一年级、三年级展开"巡演"，大受好评。

（二）兴趣相投，同频呈现

小苁、小宣和小文三个小男生酷爱篮球，就这样，拥有共同兴趣爱好的三个小伙伴聚到了一起。在上个学期的"小先生课程"申报时，他们决定将自己的爱好与更多的同学分享。于是，三人一拍即合，他们自由表达自己的课程设想，共同搭建课程框架，探讨教学方式。

初步讨论完成后，进入课程准备阶段。可对于谁负责规则讲解、谁

为了儿童生命的奔涌：
"小先生课程"实验报告

负责准备足够数量的篮球、谁负责主讲、谁负责准备小礼物等问题，团队内部产生了分歧。小宣和小文都认为自己非常了解比赛规则，争着讲解。而三个人都不愿出资为同学们提供篮球，纷纷表示自己可以给同学们准备篮球挂件等小礼物。经教师从中协调，最终决定：向学校体育器材室借用十个篮球，小礼物由三人合买，各自的分工也逐步明确。但到了课堂上，由于户外课堂的特殊性，课堂纪律仍没有得到很好的把控。尽管小芃同学仔细讲解了投篮的动作要领，但还是无法让所有同学集中注意力。与此同时，小宣、小文没有切实履行自身的管理职责，而是过早将篮球发给了各小组，导致部分同学将注意力放在了自己手中的篮球上，只顾激动地交谈，迫切地"耍技"，等两位"小先生"意识到这一问题并想要采取措施时，在偌大的操场，他们的喊话已经不起作用，现场混乱不已。事后，三位"小先生"互相指责、互生埋怨，激发了矛盾。课后，我与他们共同复盘，并收集了班上其他同学的意见和建议，对课程进行了改进和优化。这学期，这三个小伙伴又一次组队，开设了"篮球入门之运球技巧"课程，吸取了上次的教训，三人同频共振，先是轮番上演了绝美的运球示范，接着一人分组收发球，一人进行动作指导，一人维持秩序，有序地组织全班同学进行运球训练，课程效果大有改善。

（三）课程需要，协同配合

在本学期第一阶段的"小先生课程"中，我们班通过班级协商、投票等形式，确定了课程主题——"跟着苏轼去旅行"。这一大主题内容广、素材多，需要多位"小先生"分工合作。报名参与的群组各成员根据自己所擅长的领域，决定从"观百味人生""品精妙诗词""览庐山风景"三个角度展开这一主题的准备和教学。范月辰负责"观百味人生"这一部分，重点在于搜集、整理这一时期苏轼的资料，为后面的诗歌学习进行铺垫；吴庆瑶则负责《题西林壁》一诗的讲解，带领同学们感受诗词里的庐山，品味诗歌里的禅意人生；而顾宸瑞作为班级里的"小小旅行家"，则结合自己之前到庐山的旅行经历，通过视频、图片等形式带领同学们进行一场"云端"的庐山游。（表23-1）三位同学各尽所能，有声有色地将苏轼在这一时期的人生经历、人生态度和伙伴们进行了分享。

通过前期的实践和反思修改，我们形成了"小先生群组"分工单，课程取得了良好效果。

表 23-1 "小先生课程"："跟着苏轼去旅行"

课程名	成员	主题	类别	内容	任务
跟着苏轼去旅行（群组1）	成员1	"观百味人生——苏轼游庐山"	历史类	结合背景，品诗歌；结合诗歌，读心境	—
	成员2	"品精妙诗词——《题西林壁》"	文学类		观诗词里的景，读图片里的诗
	成员3	"览庐山风光——云游庐山"	游记分享类	—	

三、问题解读——"小先生群组"的内部关系与处理方式

"小先生群组"这一课程模式不仅强调学生的自主学习和创新能力，还将小组合作视为课程开发的核心动力。在上面的案例中，我们可以看到，"小先生"们在课程中承担了备课、讲课、协助、维持课堂纪律等多种责任，各成员可以发挥自己的优势，为了团队的荣誉，努力地学习、准备并呈现课程内容。同时，我们不难发现，"小先生"团队的内部关系，并非单纯的合作或竞争关系，团队成员或是因兴趣相投聚到一起的课程开创者、实施者，或是因课程需要而互帮互助的合作伙伴。无论是何种关系，他们在课程的开发、实施的过程中，都是平等互助、目标一致、相互信任、相互成就的关系。具体表现为以下几点。

第一，创意激发与思维碰撞。小组合作为学生提供了一个自由表达、相互启发的平台。在团队课程开发过程中，"小先生"们能够围绕共同的目标展开讨论，分享各自的想法和见解，从而激发新的创意和灵感。

第二，任务分解与协同配合。课程的开发是一项复杂的任务，团队成员需要密切协作。小组合作这一模式，使得任务能够被合理分解，每

为了儿童生命的奔涌：
"小先生课程"实验报告

个成员都能根据自己的特长和兴趣承担相应的工作，从而提高工作效率和质量。

第三，相互支持与问题解决：在团队课程开发过程中，"小先生"们难免会遇到各种困难和面临各种挑战。课程团队使得成员之间能够相互支持、共同面对问题，通过集体智慧找到解决方案。

为了保证小先生群组的高效，在设置群组时应注意以下几点。

第一，小组组成。高效的"小先生群组"，既可以是教师考虑到学生特长情况下的指定组队，也可以是学生基于同伴之间相互了解的自由组队。"小先生群组"由3~4人组成，并确定一位组长。其内部关系，我认为既应是能力水平相仿的，同时又应是异质的，彼此之间均衡发展、互为补充，发挥优势，团结协作。群组的形成可以是在教师引导下的学生自主选择，这样学生意愿得到了充分的尊重，积极性会大大提高，这对于他们之间正向的交流和互动大有裨益。

第二，明确目标。在"小先生群组"组成后，针对某一问题的研究，教师要给予一定的指导，通过沟通明确组员们需要从哪些角度进行思考、探究与准备。各组员在准备过程中不是孤立存在的，而是相互依存、积极互动的关系。

第三，任务设计。"小先生群组"须选择恰当的任务情境，这类任务往往要有一定的复杂程度，特别简单的任务缺乏合作的空间、分工的必要，特别困难的任务又难以产生明确的产出，因而要选择具备一定的可探究性的任务。在这类任务情境的驱动下，群组内部应切割内容、明确分工、强化个人责任，同时也要促进组内成员相互依存，各人要从整体情境考虑负责的内容，而不仅仅是孤立地思考自己负责的部分。

陶行知先生说过："小孩子最好的先生，不是我，也不是你，是小孩子队伍里最进步的小孩子。"我们教育者应积极探索和实践"小先生群组"这一模式，为学生创造一个更加开放、包容、创新的学习环境，让他们在实践中学习、在合作中成长，为未来的学习和生活打下坚实的基础。

（许　茜、杨媛媛）

24 一个特别优秀、深受儿童喜欢的"小先生课程"是否需要、应怎样做好后续开发与建构？

一、分析

对一个特别优秀、深受儿童喜欢的"小先生课程"进行"后续开发与建构"十分必要。在现有课程基础上，进一步挖掘课程内容、优化课程形式、拓展课程资源不仅能够提高课程的品质，让课程更加完善，还可以更好地适应学生在学习过程中的各种需求，帮助他们获得更好的学习体验和效果。

在"小先生课程"的后续开发与建构过程中，学生的好奇心、探索欲会被激发。为了帮助学生逐步掌握更广泛和深入的知识，促进他们的自主学习和创新能力的发展，我们发现"小先生课程"的后续开发建构与"螺旋课程"的设计理念存在契合，如果在某些方面予以借鉴，很有可能使其成为"螺旋课程"。

二、实践

"名字里的学问"是四年级1班"小先生课程"的一个成功案例，生动展示了一个深受儿童喜欢的"小先生课程"是如何通过后续开发与建构成为一个"螺旋课程"的。

（一）名字里的玉

在学习统编版教材四年级下册第五课《琥珀》一课时，同学们发现"玲珑""琳琅""珍珠"等词语都含有王字旁，通过字源探索，了解到"王"字旁实际上是"斜玉"旁，大家名字里的"璋""珈""瑞""瑾"等字也含有"斜玉"旁。由此，"小先生课程""名字里的玉"诞生了。

为了儿童生命的奔涌：
"小先生课程"实验报告

（二）名字里的诗词

在学习统编版教材四年级下册第九课《繁星》一课时，同学们对作者"冰心"的名字产生了疑问，怎么会用"冷冰冰的心"这个名字呢？通过学习，同学们了解到"冰心"二字取自唐代诗人王昌龄《芙蓉楼送辛渐》中"洛阳亲友如相问，一片冰心在玉壶"一句，比喻诗人坚守信念、品行高洁。其实，许多同学的名字也是出自古诗词，"名字里的诗词"就自然产生了。

程翊彬的名字就取自《论语·雍也》，饱含父母对他的殷切希望。受"名字里的玉"这一课程成功开发的启发，他开始对身边的同学、老师，对古代、现代名人的名字产生兴趣，通过查资料、看视频、请教老师等方式收集记录了一部分名字里的诗词，正好与学校课程中学到的人物、诗词产生联系。进一步总结后，他发现很多名人、教师、同学的名字都取自诗词。于是，他便产生了一个通过名字推介中国悠久诗词文化的想法。

为了有更好的呈现效果，在老师的帮助下，他从众多候选名单中最终选择了诸葛孔明、李清照、屠呦呦、戴望舒四位名人和沈蓉、吴秋蓉、潘云、侯婧四位教师，以及程翊彬、顾悠然、马欣嵘、李疏影四位同学作为代表。

确定名单后，他又通过查阅资料反复确认各位代表名字里的诗词含义，同时将涉及的诗词及其释义等整理成稿，供同学们边听课互动边阅读理解。考虑到课程时间较长，他还设计在讲演的中间穿插互动环节，通过诗词猜名字和拓展提问，进一步增强互动性，激发同学学习和参与的兴趣。最后，他还在课前多次演练，熟悉讲稿和PPT，最终通过音频、视频、互动等方式带领同学们领略诗词的魅力，为大家呈现了一堂生动有趣的"小先生课程"。

分享伊始，程翊彬以大家熟悉的作家冰心引入，介绍了她的原名"谢婉莹"与笔名"冰心"，以及从温柔美好的原名到寓意高洁的笔名的转变。同学们知道"冰心"二字的来历和含义后，不禁恍然大悟，肃然起敬。然后，他着重介绍了诸葛孔明和李清照两位古代名人，以及屠呦呦和戴望舒两位近现代名人。为了使课堂更加生动有趣，程翊彬利用歌曲、配乐诗朗诵等方式引入，介绍了几位名人的成就、名字含义、诗词解释等。接着，他结合社会热点——春晚歌曲《上春山》，为同学们讲解了歌词中涉及的诗词，诗词不仅可以体现在人名中，也可以在朗朗上口的歌曲中流传。接下来，由四位同学分别介绍自己名字里的诗词含义及父母长辈的殷切希望。最后，程翊彬以师长名字里引申出来的诗词为结尾，希望同学们能一起努力，争取人如其名，不负众望！

典雅的诗词从远古走来，携着父母深深的爱，给了孩子们前进的力量，帮助他们成为一个个不怕困难、勇往直前的"和实"娃。

（三）名字里的日月星辰

随着课程的不断推进，孩子们发现，不少同学的名字中蕴含着日月星辰的美好寓意，如"睿恒""星澄""浩宸""翊晗"等。这些名字如同一颗颗璀璨的星辰，点缀在班级小天地的星空中，等待着被发掘和解读。于是，别开生面的"名字中的日月星辰""小先生课程"应运而生，让孩子们自己成为探索者和讲述者，共同揭开名字背后的神秘面纱。

本次课程的主角，是班上十五位名字中蕴含日、月、星辰意象的"小先生"。他们满怀热情，决定以各自独特的方式，引领同学们踏上这场探寻名字之美的旅程。

在准备阶段，每位"小先生"都付出了极大的努力。他们首先深入探究自己名字中"日月星辰"的深刻内涵，随后将这份理解转化为生动有趣的教学内容。例如，"小先生"安景熹，巧妙地将其对宋朝理学家朱熹（其爷爷所敬仰的思想家）的思想感悟融入个人成长故事，通过讲述爷爷的教诲，展现"日"的温暖与力量。"小先生"羌睿恒，则精选了帝王刘恒、赵恒治国理政的经典论述，让同学们了解古代帝王在中华文化中所展现的卓越领导力与深远影响。"小先生"钱星澄，则采用科普与传说相结合的方式，搜集大量有关星星的科学知识，并融入美丽传说，使同学们在享受故事的同时，也能汲取天文知识。"小先生"夏浩宸别出心裁，播放了一段妈妈平日里充满爱与期盼的语音留言。温馨的话语如同温暖的春风，悄悄吹进了每位同学的心田，激起了大家对姓名背后所蕴含的家庭温情与个人梦想的无限遐思。

在实施阶段，"小先生"们展现出了非凡的创造力和组织能力。在课堂上，主讲人通过四个问题巧妙开场，瞬间激发了同学们的好奇心，并顺势介绍了本堂课的十五位"小先生"。有的"小先生"借助白居易的《卯时酒》，带领大家齐声朗诵"煦若春贯肠，暄如日炙背"，并逐一解析诗句中的意象，引导同学们闭目想象：沐浴在春日午后的暖阳中，阳光穿透云层，温柔地洒满全身，那份温暖由内而外，仿佛整个世界都被温暖和柔软包围。这样的教学方式不仅加深了同学们对诗句的理解，还让他们深刻体会到了诗歌中的美好情感和意境。而有的"小先生"则借助PPT，展示了一幅幅璀璨星空的美丽画面，一边讲解星星的形成、分类及命名规则，一边穿插讲述牛郎织女、北斗七星等奇妙传说，使同学们在视觉与听觉的双重盛宴中，对星星有了更加深入的认识。有的"小先生"则精心设计了一个名为"辰之谜"的互动游戏，将同学们分为四个小组，每组须完成一系列与"辰"相关的任务，如阐释"宇辰""亦辰""天辰""辰雨"的含义、搜集含有"辰"字的成语等。最后，各小组分享了对"辰"字的理解，课堂里不时洋溢出欢声笑语，思维火花四溅。

在整个课程中，"小先生"们不仅展现出独立思考的能力，将原本抽象且遥远的日月星辰转化为生动的内容，还通过团队合作，营造了一个轻松愉快的课堂氛围，使同学们深刻感受到了名字中所蕴含的那份厚重而温暖的爱与期待。

三、思考与总结

"名字里的学问"系列课程的成功实施表明，对一个优秀的"小先生课程"进行后续开发与建构有着重要意义。将"小先生课程"与"螺旋课程"的理念相结合，可以设计出既激发学生兴趣又促进其深度学习的课程模式。这种新模式既可以激发学生对学习的兴趣，让他们更积极主动地投入学习，也可以推动学生进行深度学习，不只是获取表面的知识，还要对知识进行深入理解、掌握和运用。这种融合带来的好处不仅体现在学习效果的提升上，比如成绩提高、知识掌握更扎实等，还在于能够培养学生多方面的综合能力，如沟通能力、团队协作能力等，同时也极大地锻炼了他们的自主学习能力，让学生学会主动探索知识。

我们可以通过以下策略将"小先生课程"升级为"螺旋课程"。

第一，主题选择。选择学生感兴趣、贴近学生生活且具有探索价值的主题，如"名字里的学问"，作为课程的核心内容。

第二，阶段设计。将课程内容分为多个阶段，每个阶段都有明确的学习目标和活动。通过循序渐进的方式，深入研究和探讨课程所涉及的主题，帮助学生逐步掌握相关知识，不断加深对主题的理解。如在"名字里的学问"课程中，我们分步实施了三个子课题，即"名字里的玉""名字里的诗词""名字里的日月星辰"。

第三，学生参与。鼓励学生分享自己的发现和研究成果，促进知识的传递和深化。一方面，可以让分享的学生进一步巩固和深化自己所学知识；另一方面，可以将知识传递给其他同学，带动整个学习群体对知识有更深入的理解和掌握，促进共同进步。

第四，反馈与调整。在每个阶段结束后，收集学生的反馈，根据学生的理解和需求调整后续阶段的教学内容和活动，让教学更加贴合学生的实际情况，增强教学效果，促进学生更好地学习。

总之，受欢迎的"小先生课程"的后续开发对于提升学生综合能力、促进学生自主学习及培养学生的创新思维和实践能力都具有重要意义。

（吴秋蓉、侯　婧）

为了儿童生命的奔涌：
"小先生课程"实验报告

25 可不可、要不要、又如何组织"小先生"进行"课程经验分享"？能否引导其对自己的具体感性经验进行适度的理性沉淀和提炼，或者引导其进行"课程规则"等的协商建构？

"小先生课程"使得儿童的学习兴趣、学习动机被充分激发。怎么完成开讲的任务，怎么开讲能让同学感兴趣、听得懂，成为"小先生"需要主动攻克的难题。"小先生"要想更好地在课堂上传授知识，需要深入理解和掌握讲授内容，需要亲自走上讲台获得感性经验，还需要在课后继续深入，不断探究与体验、反思与感悟，真正有所知、有所得、有所悟。教师应引导"小先生"对他们在整个探究过程中的经验进行分享，使得"小先生课程"展现其独特的魅力和价值。

通过"课程经验分享"，原本只属于"小先生"个人的、别人看不见的学习过程被展现出来。这样做可以促进学生之间的交流与合作，拓宽他们的视野和知识面；可以形成良好的互动学习氛围，激发学生的学习兴趣和竞争意识，让更多的学生"学做小先生""争做小先生"；可以增强学生的荣誉感和归属感，促进学校与社会之间的友好交流与合作。经验分享的形式可以是多元的。"小先生"可以与父母、教师、学习小组成员及他人分享自己的学习经验和研究成果。课程经验分享，可以让学生的学习成果被更多人看见。

在班级内部，教师可以邀约本班在学校各类活动中成功开讲的"小先生"进行经验访谈。例如，一年级科学实验"小先生"在经验分享时就告诉同学们，平时要注意细心观察身边的事物，可以从中发现很多奥秘；他也总结出进行实验探索研究的三个小妙招，那就是要善于发现、独立思考、动手操作，希望能帮助大家更好地完成"小先生课程"。对于中高年段的学生来说，在分享经验时，可以让他们结合自己的亲身经历，用故事丰满分享主题。例如，访谈"我们女生"青春期生理知识科普"小先生"，她发现周围的书籍和影视作品中很少出现对于青少年生理知识的介绍；又如，访谈"电脑软件制作"小先生，他谈到利用自己完成的作文、随笔进行现场示范。总之，"小先生"可以提供经验总结的"妙招"和"锦囊"，并录制解答视频和幕后视频来进行示范开讲。

在年级层面，每个班推选出一名"年级小先生"开设"小先生开讲方法谈"沙龙板块。各班代表就如何准备、如何试讲、开讲时的注意事项，以及怎样更好地分享经验，畅谈各自的心得体会。例如，有几名五年级学生在跨年级讲授三星堆青铜器的相关知识时，根据低年级同学的年龄特点，专门修改出了不同版本的讲稿，从"听一听关于三星堆的介绍""认一认三星堆的位置""学一学青铜造型的姿势"三个方面开展分享。同时，他们还邀请了同学来做试讲听众，把大家的建议记录下来，汇总成"注意点"来不断提醒自己。在教小伙伴认识"青铜神兽"的时候，他们发现伙伴对"青铜神兽"的造型很感兴趣，于是增加了互动环节——亲手制作超轻黏土，通过让同学们亲手制作，提升开讲效果。又如，有六年级学生在"铜壶"课程中，结合古代茶文化特点，身着传统服饰，拉近时代距离，让课程展示更自然。在介绍铜壶表演步骤时，除了声情并茂地描述，他还现场演示了重点步骤。访谈还可以拓展到多个角度："小先生"面对陌生的听众开讲，如何进一步优化开讲的体验？讲给专业人士听，是否可以在讲授时讲出自己的疑惑，以期获得专业建议？

"小先生课程"的结束并不意味着研究的结束，最后的总结分享环节也可以看作我们的"最后一公里"。我们还可以尝试对开讲经验进行总结和提炼，比如拍一段小视频、总结几条金句、写一个故事、编一首儿歌、画一画思维导图……

学习评价对于促进小先生的教学有极大价值，"小先生"授课的过程也是教与学的过程，也需要评价。由于"小先生课程"是丰富多元的，因此难以对其设置统一的、具体的规则，但我们可以尝试立足具体内容，开发多元的评价体系。"小先生"的评价主体不仅可以是教师，还可以是开讲者或听众。评价者可以针对内容、形式、状态等多方面进行综合评价。在评价时，评价者应倾向于积极评价，以正向的反馈来激发学生的开讲热情。例如，在五年级上学期"沈绣艺术"的主题课程中，"小先生"介绍了沈绣艺术的历史、发展及其在现当代的传承和辉煌。首先，听众对课程内容进行了评价，肯定了"小先生"在推动非遗发展方面做出的努力。其次，"小先生"从开讲前准备、开讲时状态等方面进行自我评价。最后，教师在上述评价的基础上，从内容选择、材料组织、现场呈现等角度进行全方位评价，并以鼓励的态度提出建议。学生在评价过程中，收到听众、教师、自我等多方面的正反馈，强化了自我对"小先生"身份的认同，提升了教学与学习的积极性。

（沈韵秋）

26 怎样才能掌握好家长的参与（支持）度？

学校作为教育的主阵地，承担着传授知识与技能、培养学生品德与能力的重任。而家庭则是孩子成长的摇篮，家长的教育观念、教育方式及家庭氛围等，都对孩子产生着深远的影响。苏霍姆林斯基认为，没有家庭教育的学校教育和没有学校教育的家庭教育，都无法完成培养人这样一个极其重要的任务。"小先生课程"正是学校教育与家庭教育完美结合的生动体现。

还记得第一期"小先生课程"申报时孩子们想要尝试但小心翼翼、不敢迈出第一步的胆怯模样，如今学期初再次让学生申报"小先生课程"时，孩子们都摩拳擦掌、跃跃欲试。在"小先生课程"的开发与实施中，孩子们如璀璨星辰般闪耀着知识的光芒，尽情展现着自己的风采。课堂上的"小先生"，具备高度的自信心、较强的责任感及良好的沟通能力。"小先生课程"的成功实施，绝对离不开一个重要的支撑力量——家长的支持。家长的支持为"小先生课程"提供了坚实的基石和丰富的资源。然而，家长既不能过度干预，让孩子失去自主探索的机会，也不能过于放任，使孩子在准备过程中缺乏必要的引导。因此，家长要拿捏好支持力度并非易事。

家长的支持，首先体现在对学校"小先生课程"理念的认同上。当家长理解并接受这一教学模式时，他们会更加积极地配合学校的教育工作，为孩子营造一个开放、包容、饱含鼓励的学习氛围。在这样的环境中，孩子们更容易形成积极探索、勇于表达的习惯，为成为优秀的"小先生"打下坚实的基础。

除了理念上的支持，家长的心理支持是孩子们勇敢迈出第一步的动力源泉。当孩子们对是否要参与"小先生课程"犹豫不决时，家长要给予他们鼓励的话语和温暖的拥抱。"宝贝，你一定可以的，勇敢地去

为了儿童生命的奔涌：
"小先生课程"实验报告

尝试吧！"这样的鼓励让孩子们鼓起勇气，迈出了第一步。孩子们勇敢地迈出第一步后，家长积极协助孩子们确定"小先生课程"的主题，从孩子们的兴趣出发，挖掘他们的潜力。在准备的过程中，当孩子们因遇到困难而感到沮丧时，家长耐心倾听他们的想法和困惑，并用温柔的话语安慰他们，帮助他们重新振作起来。记得有一次，A 同学准备在"小先生课程"上讲解"动物世界的奇妙之处"。爸爸妈妈积极参与其中，在心理上给予他极大的鼓励。妈妈对他说："宝贝，你对动物那么了解，一定能把这个主题讲得特别棒！"爸爸也点头表示赞同："儿子，大胆去讲，我们相信你。"在父母的鼓励下，A 同学信心满满地开始筹备。父母与孩子一起收集资料的过程，也成为亲子共同学习的美好时光：图书馆里，一起翻阅书籍，寻找答案；网络上，共同筛选有用的信息。为了让孩子的讲解更加生动，他们一起制作了精美的动物卡片道具。在彩排时，爸爸扮演调皮的学生故意提出刁难的问题，A 同学在应对的过程中锻炼了自己的应变能力。家长陪着孩子进行一次次的练习，提出宝贵的建议，让孩子的表达更加流畅自然。

此外，家长的参与还能为"小先生课程"带来丰富的教育资源。家长来自各行各业，他们的人生经历、专业知识、兴趣爱好等，都是孩子们宝贵的学习资源。通过家长的分享与引导，孩子们能够拓宽视野，增长见识，进一步提升自己的综合素质。如 Z 同学的家长的工作是研究试剂，以下内容是 Z 同学的家长通过"小先生课程"看到孩子成长后记录下的。

"小先生课程"助力孩子成长
——"小先生"周文悦家长记

记得在老师宣布了申报"小先生课程"这个消息后，周文悦放学回家对我说要做"小先生"。我疑惑地问她讲什么内容，她自信地说："在放学的路上就想好了，就讲新冠病毒检测和一些生物学知识。"我听了挺惊讶，她说："你和爸爸平时在家讨论工作的时候我其实也在听，学到了不少知识，比如新冠病毒可以通过抗原、抗体检测……"听她讲完，我们非常支持她参加，立即联系老师报了名，于是她有幸成为班级里的"小先生"。

为了能把课程讲好，她要求周末去我的单位现场学习新冠病毒检测试剂盒的生产和检验。为了能做好"小先生"，她对每个实验环节都进行了认真学习，在超净工作台里学习接种工程菌株，学习用核酸检测仪读取数据，在动物房观察可爱的小白鼠。这架势倒是有点像真正的实验员。

有了亲身实践后，她开始准备课堂PPT的制作，自己构思、查资料，同时也向我们寻求帮助。确定方案后，她一遍又一遍地试讲，遇到不懂的问题就请教，坚持不懈，一直讲到自己满意为止。

到了正式的"小先生"开讲时间，她还给同学们准备了卡板和检测试纸条，让同学们自己动手组装，使同学们获得了更加直观的印象，收获满满。

通过参加"小先生课程"，她增强了学习主动性和探索欲，敢于挑战困难，增强了自信，语言组织能力和表达能力也有了很大的提升。

"小先生课程"结束后，她信心满满，踊跃报名参加了南通大学附属医院举办的"强国复兴有我，争做时代好少年"南通小青马学堂通大附院分校讲院史比赛，在众多小选手中脱颖而出，荣获二等奖，在接下来共青团南通市委举办的"学习二十大，永远跟党走奋进新征程"活动中也表现优异，获评"优秀学员"。我想，这真的得益于那段难忘的"小先生"经历。

维果斯基的"最近发展区"理论指出，教育应着眼于孩子的"最近发展区"，为孩子提供带有难度的内容，调动孩子的积极性，发挥其潜能，使其超越"最近发展区"而达到下一发展阶段的水平。在"小先生课程"中，家长的支持也应处于孩子的"最近发展区"内，既不能过于简单而让孩子失去挑战，也不能过于困难而让孩子望而却步。家长应在适当的时候给予孩子足够的空间，让他们独立思考、自主决策；

在收集资料的过程中,鼓励孩子自己去探索,在孩子遇到困难时给予帮助。同时,家长也要学会倾听孩子的想法,尊重他们的创意,不要将自己的观点强加给孩子。

家长除了把握支持力度,还应注重支持的持续性。家长不能只是在孩子准备"小先生课程"的初期给予他们关注而在过程中逐渐失去耐心;这样的支持应贯穿整个学习过程,而不是一时兴起。从发展心理学的角度来看,孩子的成长是一个持续的过程,需要长期稳定的支持环境。例如,D同学一直对历史故事充满兴趣。在家长的持续支持下,他不仅在一次"小先生课程"上讲述了"三国风云",还在后续的学习中不断深入研究历史,家长始终陪伴他查阅资料、讨论问题。学校为他提供了更多展示的机会,教师也给予他进一步提升讲解技巧的指导,在他每次讲解后都积极提出问题和建议,促使他不断进步。细节之处更能体现孩子的成长。以前D同学说话声音很小,总是低着头。但在"小先生课程"中,他一次次地练习,声音越来越洪亮,眼神也变得坚定起来。在回答同学们的问题时,他也不再慌张,而是有条有理地进行解答。这些细微的变化,都见证了D同学在"小先生课程"中的成长与进步。

在家长的大力支持下,"小先生课程"取得了显著的成效。一方面,学生的自主学习能力、合作能力、表达能力等都得到了显著提升。他们不再满足于被动接收知识,而是主动探索未知领域,勇于表达自己的观点和见解。另一方面,学生的自信心和责任感也得到了增强。他们意识到自己是学习的主人,有责任和能力去影响和帮助他人。这种积极的心态和品质将伴随他们一生,成为他们走向成功的重要基石。

"小先生课程"因为家长的支持而更加精彩。在这个过程中,孩子们不仅学到了知识,锻炼了能力,还感受到了家长深深的爱。而家长们也在陪伴孩子成长的过程中,收获了无数的感动与惊喜。

此外,家长的支持还促进了家校关系的和谐与发展。家校之间的紧密合作,不仅提高了教育效率和质量,还增强了家长对学校的信任感和归属感。这种良好的家校关系为孩子们的健康成长提供了有力的保障。

(陶彦婷)

27 是不是要适当关注"小先生"的"课程供给"水平与能力?要不要"以评价促发展",又如何"做评价"?如何化解儿童的"评价依赖",引导他们更好地做到"对事情本身感兴趣"?

在教育领域,我们常常关注学生的学习效果和知识水平,但我们是否也应该适当关注那些被称为"小先生"的学生,即那些在某些方面表现出色,有能力向其他同学传授知识的学生的"课程供给"水平与能力呢?事实证明,在平时的教育教学中,这些"小先生"不仅是知识的接收者,还是知识的传播者和创造者,因此我们应该通过"以评价促发展"的方式来提升他们的相关能力。在当前的教育时空里,评价不仅仅是对学生学习成果的检验,更是一种促进他们发展的手段,合理的评价更容易剖析出"小先生"们的优点和不足,从而给予他们有针对性的指导和帮助,使他们在接收知识与输出知识的过程中不断成长、不断进步。

当然,在具体的实施与评价过程中,我们应该如何"做评价"呢?众所周知,评价应该具有科学性、客观性和公正性,故而既要能够真实反映"小先生"们的实际水平,又要能够激发他们的积极性和创造力。我们应该避免让评价成为他们的负担,让"小先生"从中获得成长和进步的动力。此外,我们还应该关注学生对评价的依赖问题。许多时候,学生可能会过分依赖他人的评价来定义自己的价值,这会影响他们对自己的真实认识和自我发展。因此,我们需要引导他们更好地做到"对事情本身感兴趣",让他们从内心深处热爱学习、享受学习,而不是仅仅为了获得他人的好评而努力。

例如,在"圆圆的中秋"这一课程中,"小先生"设计了不少有趣的学习任务和活动,如月亮观察日记、月饼制作比赛等,让同伴们在实践中学习和体验中秋文化。每一次主题活动后,教师都会进行阶段性评价,通过多元化评价和过程性评价,及时给予"小先生"和小学生有针对性的反馈和指导,帮助他们对中秋文化有进一步的认识。同时,帮助"小先生"优化中秋节的情境创设,始终关注学生的学习兴趣和内在动机,引导全体学生产生获得感和满足感,使其全身心投入学习,消解"评价依赖",让课程的实施成为学生的内在需求。

一、"小先生"能力发展体系的建构与实施

在教学过程中,教师应通过观察学生的表现,识别出具有较强学习能力和热情的学生,让其担任"小先生",并为"小先生"提供额外的培训和支持,如教学方法、班级管理等,以提升他们的"课程供给"能力。

教师应利用"小先生"促进班级学习,鼓励"小先生"在班级中分享自己的学习经验和成果,以激发其他同学的学习兴趣;让"小先生"参与教学活动的组织和实施,如小组讨论、项目策划等,以提升他们的领导力和组织能力。"小先生"在这里可以理解为班级中的小老师或者学习小组的领导者。所以,在"小先生课程"中,教师可以充分利用学生的这种能力,让他们成为学习过程中的积极参与者和贡献者。

具体如分组合作,教师可将学生分成几个小组,每个小组选出一名"小先生",负责组织和协调小组内的学习活动;至于任务分配,则应该根据"小先生"的能力和兴趣,分配不同的学习任务,如资料收集、作品展示等。当然,教师还要定期对"小先生"的表现进行反馈和指导,帮助他们更好地发挥领导作用。

二、发展性评价体系的创新设计

(一)策略一:注重多元化评价

教师应采用多种评价方式,以全面了解学生的学习情况。例如,在

"圆圆的中秋"大单元教学中，设计包括自我评价、同伴评价、教师评价在内的多元化评价体系；采用包括口头反馈、书面评价、展示评价在内的多种评价形式，以全面反映学生的学习情况。

（二）策略二：注重过程性评价

在教学过程中，教师应注重对学生的过程性评价，如观察学生的参与度、合作情况、创新思维等；通过过程性评价，及时发现学生的问题和困难，并提供有针对性的指导和支持；将评价与教学活动紧密结合，将评价作为教学活动的一部分，与教学内容和目标紧密相连；在每个学习任务完成后，及时进行评价反馈，以帮助学生明确自己的学习成果和不足之处。

在"圆圆的中秋"这一主题或情境中实现"以评价促发展"，并非一个直接与特定学术评价相关的传统议题。我们可以从更广泛的教育和活动组织角度来理解"以评价促发展"，帮助学生了解自己的学习情况，促进教师加强教学改进。教师应关注学生在学习过程中的表现，如参与度、创造力、解决问题的能力等，而不仅仅是关注最终的作品成果。在中秋节相关活动中，如制作月饼、讲述中秋节故事等，可以对参与者的参与过程进行评价，关注他们的参与度、合作精神、创新能力等，以此促进他们在这些方面的发展。

（三）策略四：注重成果展示与评价

教师应鼓励参与者展示自己的成果，如手工制作的月饼、绘制的与中秋节相关的画作等，并进行同伴评价和教师评价。这不仅可以增强他们的自信心，还可以让他们从他人的反馈中学习到新的东西。

三、评价依赖的心理机制破解策略

教师在教学过程中，应向学生强调学习的内在价值，如提升自我、拓宽视野、培养兴趣等，引导学生关注学习过程中的乐趣和成就感，而不仅仅是评价结果。在课程实施中，我们采用情境化教学方法，如举办晚会、制作月饼等。情境化教学，可以让学生在真实或拟真的情境中学习,激发他们的学习兴趣和学习动力。同时,我们鼓励"小先生"在学习中引导伙伴自主探究和合作学习,如通过查阅资料、小组讨论等方式解决问题。在自主探究和合作学习的过程中,让"小先生"牵头,引领学生更加深入地理解和掌握知识,同时培养他们的学习能力和团队协作精神。

四、传统文化课程的升级实践方案

在每个阶段的学习任务中,教师应明确评价内容和目标,确保评价与学习内容和目标紧密相连;通过评价内容的设定,引导学生明确自己的学习方向和目标。对应每一课程的主题,采用相应的卡通形象激发学生的学习兴趣。例如,在"圆圆的中秋"课程中,在评价环节里,引导"小先生"采用玉兔、嫦娥等学生喜闻乐见的卡通形象,让评价更加生动有趣,激发同伴的审美兴趣和积极性,减轻大家对评价的畏难情绪,促进课程的完善与发展。不过,教师在为学生提供有针对性的反馈和指导,以促进他们的学习再发生的同时,还要鼓励"小先生"带领同学们根据评价结果调整自己的学习策略和方法,不断提升自己的学习能力。

总之,在课程实施过程中,教师关注"小先生"的"课程供给"水平与能力,并采用了"以评价促发展"的策略,真实、有效地由"小先生"引导学生深入完整的学习过程,实现了情境化教学、自主探究和合作学习,化解了学生的"评价依赖",引导他们更好地做到"对事情本身感兴趣",并获得完整的美育体验与学习。

(王一然)

28 怎样让"小先生"的"热情之火"燃而不熄,越燃越旺?

在"小先生课程"的实施过程中,我们逐渐发现它不仅是学生自主学习和提升领导力的有效方式,还为传统学科教学提供了新的发展契机。随着项目研究的深入,我们发现"小先生课程"可以与学科教学,特别是语文学科有机结合。在日常教学中,我们观察到学生学习诗歌的兴趣水平较低,诗歌创作热情也不高。但通过"小先生课程",学生们的自主性和积极性被调动了起来,课堂氛围也变得更为热烈了。于是,我们大胆尝试将"小先生课程"与诗歌教学相结合,设计了一系列活动,以促进学生对诗歌的欣赏,激发他们的创作兴趣。我们逐渐认识到,"小先生课程"不仅是一种自主学习模式,还能在国家课程框架内起到补充和提升作用,尤其是在调动学生积极参与诗歌创作方面,具有独特的优势。

在南通市城中小学的校园里,语文教师们决定以诗歌教学为切入点,尝试通过"小先生课程"来激发四年级学生对诗歌的热爱。这个课堂项目的灵感来自一次课堂作业——展示自编诗集。当学生们完成了他们的诗歌创作作业,兴奋地在课堂上交换阅读时,沈蓉校长偶然走进教室,看到了学生们的创作,被他们的作品深深感动了,提出了一个建议:"为什么不把这些作业作为年级巡讲的主题,让学生们成为'小先生',分享他们的诗集,带领同伴进入诗歌的世界?"

这个提议迅速得到了教师们的认可,大家决定在整个年级中推行这一项目,让每个班级的学生都有机会担任"小先生",展示自己的诗歌创作,并通过年级巡讲活动互相学习和交流。在随后的几周,每个班级的"小先生"都开始为自己的巡讲活动做准备。学生们被分成不同的小组,每个小组都有一名小组长和一名主持"小先生"。组长负责诗集的收集和整理,而主持人则负责设计巡讲活动的流程,确保每个小组成

为了儿童生命的奔涌：
"小先生课程"实验报告

员都有机会展示自己的作品，并分享创作灵感。

在活动正式启动的前夕，教师们为学生们组织了一次集中讨论会，详细解释了"小先生课程"的目标和意义。讨论的重点是如何通过巡讲活动来提升学生们的表达能力，增强他们的自信心，并激发他们的创造性思维。接着，教师们为学生们提供了指导，帮助他们选择适合的诗歌主题，安排朗读的顺序，并教授如何引导课堂讨论。每个小组都有自己的特色和任务，例如，某个小组以现代诗歌为主题，展示了《再别康桥》《乡愁》等经典现代诗，并对这些诗进行了深入的分析和解读。

当巡讲正式开始时，学生们表现得比预期中的更加自信和积极。在一次特别的巡讲活动中，"小先生"们分享了自己编写的诗集，并邀请其他班级的同学参与朗读和讨论。这种跨班级的互动不仅让更多的学生有机会接触到不同风格的诗歌创作，还使得课堂氛围变得更加活跃和富有创造性。

最令人印象深刻的是一个以"童年"为主题的诗歌创作小组。他们不仅创作了充满童趣和生活趣味的诗歌，还设计了一场诗意的猜谜游戏，通过描绘诗句中的意象来激发同学们的想象力。这种游戏式的教学设计不仅拉近了同学们与诗歌的距离，还让同学们在轻松愉快的氛围中感受到了诗歌的独特魅力。

巡讲结束后，学生们纷纷表示，在这一系列活动中，他们不仅学会了如何创作诗歌，还提高了语言表达能力，掌握了公共演讲技巧。更重要的是，通过诗歌创作，他们学会了如何观察生活，如何将内心的情感转化为文字，并从同伴的反馈中获得了启发和成长。

通过"小先生课程"与诗歌教学的结合，我们发现，这种自主、开放的课堂形式不仅对国家课程起到了良好的补充作用，还让学生的学习激情"越燃越旺"。首先，"小先生课程"激发了学生的学习主动性，尤其是在诗歌创作中，学生不再拘泥于课本知识，而是通过个人体验与情感表达，实现了真正的创造性输出。其次，年级巡讲活动给了学生展示自我的舞台，增强了他们的自信心和表达能力。最后，这一模式也有助于培养学生的团队合作和组织能力，使课堂不再仅仅是知识的传授地，更成为一种综合素养的培养场所。

为了让"小先生"的"热情之火"燃而不熄并且越燃越旺，我们总结出以下三点关键策略。

第一，在学校层面上，需要为"小先生课程"提供更系统化的支持和资源保障，包括教师的专业引导和适宜的课程设计。

第二，在班级层面上，班主任应注重课堂互动和分工合作的氛围营造，让每个学生都有机会展示自己，并获得成就感。

第三，通过教师、家人、同伴等方面的及时肯定与表扬，增强学生的内在驱动力，使他们在自主学习的过程中获得满足感与持续的成长。

这些措施的有效结合，将有助于"小先生课程"在未来的教学实践中继续发挥作用，并成为国家课程的重要补充。

通过持续的创新和调整，"小先生课程"有潜力成为一种有效的教学工具，帮助学生在文学的世界中找到自己的声音，并在未来的学习中继续探索和成长，将他们的"热情之火"越燃越旺！

（洪一晴）

主要参考文献

[1] 袁振国. 当代教育学 [M]. 3版. 北京：教育科学出版社，2004.

[2] 施良方. 课程定义辨析 [J]. 教育评论，1994（3）：44-47.

[3] 管楚度. 大背景分析法 [J]. 系统辩证学报，2000（3）：70-73.

[4] 章莉. 小先生制下的伙伴学习：关系及内涵 [J]. 教育理论与实践，2020（29）：47-51.

[5] D.W.海姆伦. 西方认识论简史 [M]. 夏甄陶，崔建军，纪虎民，译. 北京：中国人民大学出版社，1987.

[6] 潘洪建. 教学认识论：批判与重建 [J]. 教育研究与实验，2014（4）：37-41.

[7] 游春蓉，王强. 走向意义之教：素养导向的知识教学进路 [J]. 当代教育科学，2023（6）：56-63.

[8] 郭元祥. 知识的性质、结构与深度教学 [J]. 课程·教材·教法，2009（11）：17-23.

[9] 联合国教科文组织. 一起重新构想我们的未来：为教育打造新的社会契约 [M]. 北京：教育科学出版社，2022.

[10] 李海英. 协商课程研究 [D]. 上海：华东师范大学，2006.

[11] 赵颖，郝德永. 课程研制方法论初探 [J]. 锦州师范学院学报（哲学社会科学版），1998（4）：79-87.

[12] 陈桂生，王建军，黄向阳. 再谈课程系统的形成和演变问题 [J]. 上海教育科研，2014（8）：27-30.

[13] 沈恒炎. 未来学与西方未来主义 [M]. 沈阳：辽宁人民出版

社，1989.

[14] 袁利平，等. 多维视域下的学校课程建设［M］. 西安：陕西师范大学出版社，2022.

[15] 靳玉乐，黄清. 课程研究方法论［M］. 北京：人民教育出版社，2012.

[16] 申继亮. 基础教育课程改革面临的挑战与未来走向［J］. 中国基础教育，2025（1）：6-10.

[17] 雅斯贝尔斯. 什么是教育［M］. 邹进，译. 北京：生活·读书·新知三联书店，1991.

[18] 钟启泉. 课程的逻辑［M］. 上海：华东师范大学出版社，2007.

[19] 保罗·弗莱雷. 被压迫者教育学［M］. 顾建新，赵友华，何曙荣，译. 上海：华东师范大学出版社，2001.

[20] 玛格丽特·米德. 文化与承诺：一项有关代沟问题的研究［M］. 周晓虹，周怡，译. 石家庄：河北人民出版社，1987.

[21] 刘金花. 儿童发展心理学［M］. 3版. 上海：华东师范大学出版社，2013.

[22] 李明尚. 小先生制，让课堂更高效［M］. 北京：教育科学出版社，2013.

[23] 张健. 小先生制下的伙伴学习［M］. 南京：江苏人民出版社，2021.

[24] 尤吉，等. 现代小先生制：培育爱学会教能评的小主人［M］. 苏州：苏州大学出版社，2021.

[25] 唐圣锋，刘华，曾俊彦. 生本教学探索与实践［M］. 合肥：安徽师范大学出版社，2021.

[26] 张大均. 教育心理学［M］. 2版. 北京：人民教育出版社，2004.

[27] 阿尔弗雷德·阿德勒. 儿童教育心理学［M］. 刘丽，译. 海口：南海出版公司，2015.

［28］霍华德·加德纳. 智能的结构［M］. 沈致隆, 译. 杭州：浙江人民出版社, 2013.

［29］陈琦, 刘儒德. 当代教育心理学［M］. 3版. 北京：北京师范大学出版社, 2019.

［30］万伟. 课程的力量：学课程规划、设计与实施［M］. 上海：华东师范大学出版社, 2017.

［31］马克思, 恩格斯. 马克思恩格斯全集：第42卷［M］. 北京：人民出版社, 1979.

［32］米哈里·契克森米哈赖. 心流：最优体验心理学［M］. 张定绮, 译. 北京：中信出版集团, 2017.

［33］B.R. 赫根汉. 人格心理学导论［M］. 何瑾, 冯增俊, 译. 海口：海南人民出版社, 1986.

［34］马丁·塞利格曼. 真实的幸福［M］. 洪兰, 译. 杭州：浙江教育出版社, 2020.

［35］马丁·塞利格曼. 教出乐观的孩子：让孩子受用一生的幸福经典［M］. 洪莉, 译. 北京：北京联合出版公司, 2017.

［36］陈杰, 钱明明. 立学课堂的区域建构［M］. 南京：南京师范大学, 2022.

［37］王劲. 论人的主体性教育［D］. 合肥：合肥工业大学, 2002.

［38］娜仁高娃. 生命哲学视野下的主体性教育：对青少年生命异化现象的反思［D］. 长春：东北师范大学, 2007.

［39］戴耘. 拔尖创新人才培养的理论基础和实践思路［J］. 华东师范大学学报（教育科学版）, 2024（1）：1-23.

［40］陈威. 建构主义学习理论综述［J］. 学术交流, 2007（3）：175-177.

［41］张玲. 加德纳多元智能理论对教育的意义到底何在？［J］. 华东师范大学学报（教育科学版）, 2003（3）：44-52.

［42］刘祥辉, 程家福. 从泰勒到多尔：后现代课程观的解读及启示［J］. 继续研究, 2008（5）：151-153.

[43] 扈中平."人的全面发展"内涵新析[J].教育研究,2005（5）：3-8.

[44] 李润洲.完整的人及其教育意蕴[J].教育研究,2020（4）：26-37.

[45] 杨向东.关于核心素养若干概念和命题的辨析[J].华东师范大学学报（教育科学版）,2020（10）：48-59.

[46] 王娜.学生本位的校本课程开发与运用[J].教学与管理,2020（4）：72-74.

[47] 尼克·克罗斯利.走向关系社会学[M].刘军,孙晓娥,译.上海：格致出版社,上海人民出版社,2018.

[48] 钟启泉.课堂革命[M].南京：江苏人民出版社,2017.

[49] 王丽.论陶行知"小先生制"对小学德育的启示[J].当代家庭教育,2021（3）：158-159.

[50] 卫灵彦.陶行知"小先生制"在道德情感教育中的有效应用[J].教育界,2023（3）：125-127.

[51] 孔令春."新小先生制"课堂的教师角色定位[J].江苏教育,2022（90）：71-72.

[52] 沈蓉.革新与传承："和·实"教育的实践探索[J].江苏教育研究,2023（14）：40-43.

[53] 钟启泉."协同学习"的意涵[J].基础教育课程,2014（15）：73.

[54] 吴刚,黄健.社会性学习理论渊源及发展的研究综述[J].远程教育杂志,2018（5）：69-80.

[55] 张齐华.社会化学习实践手册[M].北京：教育科学出版社,2024.

[56] 孙学斌.传统与现代相结合　构造新型学习方式[J].常熟高专学报,2004（4）：115-116.

[57] 胡森,波斯尔斯韦特.教育大百科全书：第7卷[M].张斌贤,等译.重庆：西南师范大学出版社,2006.

[58] 中国大百科全书出版社《简明不列颠百科全书》编辑部. 简明不列颠百科全书：第 7 卷［M］. 北京：中国大百科全书出版社，1986.

[59] 杨四耕. 学校课程变革的逻辑与深度［J］. 上海教育，2016（9）：27-28.

[60] 陈丽华. 教师即课程：蕴涵与形式［J］. 课程·教材·教法，2010（6）：10-13.

[61] 约翰·杜威. 民主主义与教育［M］. 王承绪，译. 北京：人民教育出版社，1990.

[62] 万远芳. 语文天生很重要：语文学科课程群设计［M］. 上海. 华东师范大学出版社，2021.

[63] 韩青."小先生制"助力"双减"的三个"接口"［J］. 教学与管理，2023（35）：5-7.

[64] 李宝庆，纪品."双减"背景下高质量课后服务课程建设的创新路径［J］. 课程·教材·教法，2022（11）：65-73.

[65] 朱肃霞. 小先生制"教学相长"的研发重构与深度学习的关联［J］. 上海教育，2022（12）：66.

[66] 刘来兵，任淑叶. 社区小先生制：家校社协同育人新路径［J］. 基础教育参考，2022（11）：40-45.

[67] 陈红美. 小学语文教学中培养小学生语文思辨能力［J］. 科学咨询（教育科研），2019（43）：83.

[68] 史晓燕. 教师教学评价：主体·标准·模式·方法［M］. 北京：北京师范大学出版社，2018.